八田外代樹の生涯

台湾に東洋一のダムを造った八田技師の妻

楷潤
Kai Jyun
［著］

柘植書房新社

まえがき

去ること三年前、台湾島内をバス旅行中「八田技師物語」を鑑賞しました。ビデオは外代樹夫人の悲しい話で終わりました。そのことに強いショックを受けた筆者は帰国後、八田技師の烏山頭ダム（台湾では水庫と言います）の詳細を調べました。

そしてダムの規模の雄大さと斬新な工法に驚嘆しました。これほどの大工事を八田技師一人の力で成し遂げたとはとても思えません。その快挙の陰には夫を支えてくれた外代樹夫人の存在があったのです。八田夫妻は共に金沢の出身で、言葉（方言）も食事（郷土料理）も同じです。責任者である八田技師は職場では立場上、弱音も愚痴も口外できません。疲労困憊して家に帰ると、外代樹夫人が「きょうも一日ご苦労様でした。お風呂が沸いています。汗と疲れを流してください」と笑顔で迎えてくれます。好物の食事を摂りながら、昼間のトラブルについて話をします。食事のあと、首や肩をやさしく揉んでくれます。

両親の会話が終わるのを待って子どもたちが「パパ、パパ」と纏わりついてきます。これでストレスは解消します。

翌日は又フレッシュな気分で出勤できます。外代樹夫人の「良妻賢母」ぶりが八田技師のエネルギーの元になりました。本書は巻末に記した如く、多くの皆様のおかげで未熟ながら脱稿することができました。
外代樹夫人の隠された内助の功に心を寄せてくださるお方の一人でも多からんことを切望して止みません。

平成二十八年（二〇一八）二月一日

八田外代樹の生涯——台湾に東洋一のダムを造った八田技師の妻◆目次

第一章

台湾の空を流れる、金沢第一高等女学校の校歌

平成二十五年（二〇一三）九月一日

日時　平成二十五年（二〇一三）九月一日
場所　台湾・台南市から４０㎞山間の烏山頭ダムのほとりの八田記念公園

ここは金沢から遠く３０００㎞離れた台湾の僻地である。校歌斉唱といえば録音利用が普通だ。それなのに、わざわざ旧・金沢第一高等女学校の最後の卒業生・同窓生九名が参加して校歌を合唱された。ふるさとの香りと人情をのせた歌声は烏山頭の八田記念公園一帯を温かく包みこんだ。

筆者は幸運にも招待状を頂戴して、この盛大な式典に参列することができた。

石川県立金沢第一高等女学校校歌

一　至誠《しせい》
御代《みよ》久方《ひさかた》の天地《あめつち》の
神の心もうがかすは

八田記念公園での外代樹夫人の銅像除幕式、2013年9月1日

世にも気高《けだか》き乙女子《おとめご》が
貫き通す至誠《しせい》ぞや

二　清貞《せいてい》
こがねも湧《わ》かむ沢水《さわみず》に
すすぎて清き心こそ
亀の尾山《おやま》の松ケ枝《まつがえ》の
かたき操《みさお》のやどるなれ

三　勤倹《きんけん》
物ごとはげむ勤《きん》の道
物ごと省く倹《けん》の徳《とく》
つとにもよはにも乙女子《おとめご》が
守るや家も栄ゆらむ

四　優雅《ゆうが》
ちりもすゑじと磨《みが》くなる

真澄《ますみ》の鏡《かがみ》てにとれば
やさしき影《かげ》のみゆるこそ
みやび心のうつるなれ

外代樹《とよき》夫人は、卒業以来九十六年ぶりに異郷で耳にする校歌に、一瞬戸惑いながら、懐かしさと有り難さで、声を詰まらせて一緒になって合唱されただろう。

そして、作曲家の嶌村義隆先生がわざわざ来台し、嘉南大圳の母（作詞　松岡良夫、作曲　嶌村義隆・伊藤望、編曲　伊藤望）を独唱された。

嘉南大圳の空に響けとばかりの雄壮な歌声だった。

外代樹夫人は、妻としての当然の役割を過分に評価された歌詞に、もったいなさと忝《かたじけな》さで、面映ゆさの紅潮した顔で傾聴しておられただろう。

この式典は、八田外代樹夫人の銅像除幕式だ。

参加者の注目は、もちろん外代樹像とそして綾子さんだった。綾子さんが義母・外代樹夫人に寄り添って、嘉子嬢を抱っこしている腕を、そーっと撫でられた。筆者も曇る目で慌ててシャッターを切った。

綾子さんが外代樹夫人の長男・晃夫氏と結婚されたこと、そして八田家を代表して本日の除幕式に参列されたことは、天の配剤の妙だった。

八田与一技師の坐像は、昼間は烏山頭のほとりで、測量から完成まで十三年間、心血を注いで完成させたダムの大堰堤を万感の想いで眺めている。昼間は退屈することはないだろうが、夜になると一人ぼっちだった。

東京音楽学校
作歌　教授　鳥居　忱
作曲　助教授　岡野　貞一

校　歌

一　至誠

御代久方の天地の　神の心もうごかすは
世にもけ高き乙女子が　貫き通す至誠ぞや

二　清貞

こがねも涌かむ沢水に　すすぎて清き心こそ
亀の尾山の松ヶ枝の　かたき操のやどるなれ

三　勤倹

物ごとはげむ勤の道　事ごと省く倹の徳
つとにもよはにも乙女子が　守るや家も栄ゆらむ

四　優雅

ちりもすゑじと磨くなる　真澄の鏡手にとれば
やさしき影のみゆるこそ　みやび心のうつるなれ

石川県立金沢第一高等女学校校歌

しかし、今晩からは寂しいことはない。宿舎に戻ると、六十八年ぶりに愛妻と、二歳になったばかりの片言がしゃべれる嘉子嬢が笑顔で出迎えてくれる。幼な児をあやしながら、夫妻は積年の懐旧談にふけるだろう。

そして、団欒の後では二人して、嘉南大圳の皆様と金沢の皆様の時空を超えたご温情に、両手を合わせておられる姿が、式典に参加しながら、著者の脳裏をかすめた。

外代樹の誕生から金沢第一高女学校まで

時はさかのぼること、明治三十四年（一九〇一）三月七日、外代樹は米村吉太郎と琴の第二子（長女）として生を受けた。そのころの女の子の名前は「あき・あき江・明代・明子」とか「はる・春子・春代・春江」とかが一般的だった。「外代樹」という男の子か女の子かわからない変わった名は、父の吉太郎が漢学の素養があったことを物語っている。

第一子は長男の貞知である。父・吉太郎の仕事は当時としては数少ない開業医であった。金沢市内でも僅か六病院しかなかった。母の琴は、良妻賢母を絵に描いたような女性であった。外代樹はこういう恵まれた家庭環境で幼少時代を過ごした。就学前の記憶といえば両親に連れられて行った兼六園で好きなお団子を食べたことぐらいである。

明治四十年（一九〇七）金沢市立瓢箪町尋常小学校に入学した。外代樹は唱歌が上手だった。

学校で教わった「旅愁」更け行く秋の夜、旅の空の……とか「村祭」村の鎮守の神様の……などを歌って家族を喜ばせた。また折り紙がとても上手であった。手先が器用なのは父親の影響であろう。

大正二年（一九一三）四月、石川県立金沢第一高等女学校（現在の県立二水高等学校）に入学した。大正の初期に高等女学校に進学するということは、経済的にも恵まれていて、学業面でも優れている子どもに限られていた。近所でも評判になり、特に男の子には注目される存在であった。ある年の高等女学校の運動会を覗いてみよう。運動会は学校にとっても、生徒の家庭にとっても、金沢市民にとっても一大イベントであった。当日は見物客が殺到した。運動場は生徒の家族で超満員である。

女学生に関心のある旧制中学生や第四高等学校（詳細は後述）の学生たちは、運動場が見える周囲の大木に登り、鈴なりになって見物していた。あぶれた学生は勝手に近くの民家の屋根に上って見ていた。家主は怒りたいのをこらえて（今日一日だけは仕方がない）とあきらめ顔で、「終わったらすぐ降りるんだぞ」と文句を言うのが精いっぱいだった。

外代樹の女学校時代の出来事で特記すべきことが二つある。一つは「ぬり絵」で特賞をもらったことである。「ぬり絵」といっても今頃の小さい子どもが使っているものとは違っていた。素敵なデザインで色鮮やかな作品に仕上げる芸術品だった。これは小学校時代のおり紙の才の延長である。

外代樹が贈られた最優秀者の「銀時計」

もう一つは女学校卒業生の中の最優秀者に贈られる「銀時計」の受賞である。これは加賀百万石、日本一の大名の加賀藩主前田本家、第十六代目当主・前田利為侯爵から贈られるものである。もらった本人どころか家門の誉れである。両親が親族・縁者を集めて祝宴を開いたのはもちろんのことである。

ここで、旧制高等学校のナンバースクールをみてみよう。

第一高等学校、明治十九年（一八八六）、東京。第二高等学校、明治二十年（一八八七）四月、仙台。第三高等学校、明治十九年四月、京都。第四高等学校、明治二十年四月、金沢。第五高等学校、明治二十年四月、熊本。第六高等学校、明治三十三年（一九〇〇）三月、岡山。第七高等学校、明治三十四年（一九〇一）四月、鹿児島。第八高等学校、明治四十一年（一九〇八）三月、名古屋に設置された。この八校は帝国大学へ進学するための官立学校であった。その後、このナンバースクールの他に官立、私立の旧制高等学校が多数設立された。いずれも主に帝国大学へ進学するためのものであった。

帝国大学とは、東京帝国大学が明治十年（一八七七）東京府、京都帝国大学は明治三十年

金沢市瓢箪町の外代樹の生家、現在は保育園になっている（北国新聞ホームページより）

（一八九七）京都府、東北帝国大学は明治四十年（一九〇七）仙台市、九州帝国大学は明治四十四年（一九一一）福岡市、北海道帝国大学は大正七年（一九一八）札幌市、大阪帝国大学は昭和六年（一九三一）大阪府、名古屋帝国大学は昭和十四年（一九三九）、名古屋市に設置された。

帝国大学はこの他に、京城帝国大学は大正十三年（一九二四）、現在の大韓民国ソウル市に設置、京城大学に改称し、一九四六年に一旦閉鎖。台北帝国大学は昭和三年（一九二八）、現在の台湾台北市に設置され、一九四五年に中華民国に接収された。

国内では、昭和二十四年に帝国大学令が国立総合大学令と名称変更、帝国大学の帝国は外され、旧制大学と呼ばれた。そして、各都道府県に新制大学が設立された。ナンバースクールで帝国大学と同じ府県にあったものは、そのまま旧制大学に合併された。その他は各県の新制大学に合併された。

そして未来の夫である八田与一は第四高等学校から東京帝国大学へ、与一・外代樹の長男・晃夫は第一高等学校から東京帝国大学へ進学している。

外代樹夫人の生家は、金沢市瓢箪町で、現在保育園になっている。

第二章

お見合い、結婚、そして台湾へ

お見合いと十六歳の決断

外代樹は、卒業して四か月を過ぎた頃、久しぶりに級友と会った。外代樹と同じように機会があれば英語を学んでみたいと言ってた親友である。

「お久しぶり、元気だった?」

「ええ、もちろんよ」

「卒業してまだ四か月なのに、もう一年も経ったように感じるわね」

確かに学校を卒業すると時が過ぎて行くのが早く感じられる。

外代樹はさっそく自分のアイデアを話した。

「宣教師さんのところで英語の勉強をしようと思うけど、どう思う?」

「さすが外代樹ちゃん、いいことを思いついたわね。教会の仕事でもお手伝いして教えてもらいましょうか」

「よかった、賛成してくれるのね」

「二人で宣教師さんを訪ねることにしましょうよ」そう言って別れた。

外代樹は自宅に戻った。玄関に男性用の靴と下駄が並んでいた。(一体どなただろう、自宅の方に来客なんて珍しいわ)

「外代樹です、ただいま帰りました」

「おかえり」

奥の間から父の声がした。（お父さんは休憩時間なのだろうか）自分の部屋に行こうとすると、

「外代樹、ちょっとこちらに来なさい」

と呼ばれた。行ってみるとそこには初めて見る男性二人と父が真顔で話していた。「どんな人たちなのだろう……」ドキドキしながら部屋に入った。

「失礼します」

「こちらは八田さんといって、お父さんと同業のお医者さんで、その隣りが弟の与一さんだ。ちょうど赴任地の台湾から戻ってこられたところで、与一さんは台湾の総督府で土木課に勤務しておられるそうだ」

「そうですか」と、外代樹は生返事をした。何故私を同席させるのか呑み込めなかった。

「今年の三月に女学校を卒業した娘の外代樹で、十六歳です」

父は二人に私を紹介した。

「はじめまして、外代樹と申します」

「外代樹、実は与一さんも金沢の出身でな、お嫁さんをもらうなら同じ金沢の人にしたいと希望しておられるそうだ。急なことで驚かせてすまなかったが、お前を与一さんに会わせたいと思っていたのだよ。事前にお前の写真を送ったところ、是非一度会いたいとのことで、今日

お出で下さったのだ。多少、年齢は離れているがお父さんはよい縁談だと思ってね、それで今日の会合を決めたのだよ」

「外代樹さん、はじめまして、八田与一と申します」

間髪を入れず与一は挨拶をした。このとき与一は三十一歳で、東京帝国大学工学部土木科出身の優秀な技師であった。二人の間には十五歳の年齢差があった。女学校を出たばかりの娘が、大人の中に入って世間話などそぐわない。挨拶を済ませると外代樹は早々に部屋を出た。

後を追うように父が出てきた。

「外代樹、急な話で悪かったね。先方の強い希望でこうなったのだよ。お父さんはよい縁談だと思っている」

「私もびっくりしました。まさか私の縁談でのお客さんだとは思いもしませんでした」

「また後で呼ぶかもわからないから自分の部屋にいてくれ」

「わかりました」

吉太郎は居間に戻った。外代樹が退出すると入れ替わるように琴が顔を出した。

吉太郎は「家内の琴です」と紹介した。

「外代樹の母、琴でございます」

「初めまして、与一の兄で智證と申します。米村先生とは懇意にしていただいております」

月並みの挨拶が終わると兄の智證は、

「弟は、長い休暇はとれないそうです。出来ましたら三〜四日間の余裕をいただいてお返事をもらえると、大変ありがたいのですが」

「わかりました。私はよいお話だと思いますが、家内や親戚にも話さなければなりません。できるだけ早めに返事を差し上げられるようにしようと思います」

その夜、夕食を終えてから吉太郎は琴に縁談の続きを相談した。

「実は外代樹を是非嫁にもらいたい、そして台湾へ連れて行き、向こうで生活したいとのことだ」

「何を言っているのですか。外代樹は右も左もわからない、まだ十六歳の小娘ですよ、あまりにも早すぎます。

私は賛成できません。それに向こう様はおいくつなのですか」

と、にべもない返事が返ってきた。

吉太郎はいきなり出鼻をくじかれた格好になった。

「三十一歳だよ。たしかに年齢差はあるし、外代樹が結婚するには早すぎるかも知れない。だが与一さんとじっくり話してみたが、学歴もあるし、将来性もある、なかなかしっかりした青年だよ。よい縁談だと思っている。

台湾は確かに遠いところだが……」

「何もそんな遠方へ嫁がせなくても、良縁はこっちでもあるはずです。私は絶対反対です」

思いがけない琴の強硬な態度に吉太郎は行き詰った。

「お前の気持ちもわかる。だが一度外代樹の本心を聞いてみないか。本人が嫌というなら私もあきらめよう。もしこの縁談を進めて下さい、と言われたらお前も反対しないでくれよ」

だが琴はなおも吉太郎に詰め寄った。

「娘は今年三月に女学校を卒業したばかりではありませんか。

確かに与一さんは立派な方だと思います。だが台湾はあまりにも遠すぎます。

国内の話ならまだしも」

琴が気がかりだったのは十六歳という早すぎる縁談の話と、相手が外地勤務ということだった。

「与一さんが日本に帰ってきてくれるのならまだしも、日本でもたくさん仕事があるでしょうに」

依然、琴は乗り気にはなれないでいた。

吉太郎は外代樹の率直な気持ちを聞いてみることにした。

「さっきお母さんとも話し合ったところだよ。まだ若すぎるし、それに何も遠い台湾に送り出したくないと言っていたよ」

「そうですか、お母さんは反対なんですね」

「そうなんだ。大変な剣幕で反対されたよ」

外代樹も悩んでいた。年齢差だけではなかった。琴は台湾がどういう所か想像できなかった。

「二～三日考えさせてください。それから返事をします」

「わかった。ジックリと考えてみてくれ」

十六歳の乙女心は揺れていた。（いずれは結婚しなくてはいけない、でも今回このお話を受け入れていいのだろうか）その晩は外代樹もあまり眠れなかった。

父がお正月の訓示をした時、「縁」については次回と言ったことを思い出していた。ひょっとして今回の見合いはやはり「ご縁」なのだろうか。（台湾に行ってしまったら、もう帰って来られないかもしれない、親ともこれでお別れをしなくてはならないのか）

十六歳の乙女の胸を悩ませていた。台湾は遠い。そう簡単に行ったり来たりできる所ではない。（父と与一さんのお兄さんは同業だし、そんな関係の人がいい加減な話を持ってくるわけがない）

父も「将来性のある青年だ」と気に入っていたのを思い出した。

娘のことを一番心配している父が言うのだから間違いはないのではないだろうか。

外代樹は決心した。返事をすることになっていた三日目の朝、

「お父さん、私も自分なりに考えてみました。与一さんはとても誠実な方ですね」

外代樹は納得した口調で言った。

「そうだろうね。初めてのお見合いだから悩まないほうがおかしいのだ」

「私、この二日間よく考えましたが、今回の結婚話をお受けしたいと思っています」

吉太郎は外代樹があまりにも冷静に話すので驚いた。

「そうか。よく考えた末の返事だと受け取っていいのだね」

「はい、話を進めてください」

「よく決心したね、お父さんはその決断を立派だと思うよ」

そう言って娘を褒めた。十六歳の娘に人生の大きな決断をさせたのである。父親としての責任を感じた。外代樹の顔は寝不足気味のようにも見えた。

それもそのはず、寝ていなかったのである。まる二日間で結論を出した。

吉太郎は嬉しい反面、十六歳の娘に結婚を真剣に考えさせたことをすまないと思った。日本国内ならまだしも、外地へ嫁がせるのだから無理もなかった。

八田家と米村家の縁談話の最大の難関だった母親・琴の猛反対も、外代樹本人の決心によって次第に氷解していった。

吉太郎は頃合いをみて詳細をまとめようと両家の会合を設定した。場所は尾山神社からさほど遠くない料理屋とした。

打ち合わせの日がやってきた。与一と兄・智證は緊張して米村家の到着を待っていた。

吉太郎は開口一番、

「娘は今回の縁談を快く受け入れて、与一さんと台湾へ行くと言ってくれました。父親として娘が与一君のような理想の男性と結ばれたことをご先祖様に感謝しています」

兄・智證は、

「米村先生、ありがたいご返事をいただいてこんな光栄なことはありません。外代樹さん、本当にありがとうございました」

目には安堵の涙が光っていた。続いて与一も吉太郎夫妻の前に進み出て、

「外代樹さん、誠にありがとうございます。つたないながら一生大切に生活したいと思います」

と深々と頭を下げた。

外代樹も少し赤らんだ顔で、

「世間のことを全く知らない私で、妻の役目が務まるか心配ですがよろしくお導きください」

と返答した。

吉太郎は、「私も妻も長女の外代樹がまたとない伴侶と結ばれたことを喜んでおります。さあ、これから結婚式の日取りや招待客の打ち合わせをはじめましょう」

隣りの琴は満足げに微笑んでいた。招待客は両家それぞれ二十人ずつで合計四十人、結婚式は八月の吉日と決まった。

結婚式と「花嫁のれん」

電話のある家には、とりあえず電話で伝えた。手紙で伝えている余裕はなかったので、市内

に住む親族には招待状を直接持参した。

待望の結婚式当日がやってきた。式場は今回の縁談がまとまった同じ料亭である。外代樹の親戚たちは、一旦米村家に集まり、予め用意しておいた人力車に乗って式場となる料亭に向かった。

八田家は、市内といっても汽車に乗って富山方面へ一つ先の駅・森本という所にあり、そこからさらに三十分くらいの大きな農家だった。そんなわけで、八田家の親族は一旦金沢駅に集まってから式場へ向かった。

米村家、八田家の親族がそれぞれ式場に揃った。神主が呼ばれ、うやうやしく結婚の儀が始まった。正面には、「新郎・八田与一」「新婦・米村外代樹」と、大きく書かれた紙が掲げられていた。二人はその前に神妙な面持ちで座っていた。与一の父は、与一が中学生の時に世を去っていたので、代わりに兄の智證が挨拶をして親族を紹介していった。

そして結婚の成り行きも紹介された。「ほ〜、そういうことだったのか」特に外代樹の親族は頷きながら聞いていた。続いて外代樹の父も簡単な挨拶を済ませたあと、親戚の紹介をはじめた。その間、琴は感無量でうつむいたままだった。ようやく両家の紹介も終わり、祝杯の準備が始まった。

祝杯の挨拶は八田家の智證がすることになった。簡単な挨拶が終わった時、

「みなさん。与一は三十一歳ですが外代樹さんは十六歳です。二人の年齢を足して二で割る

と二十三・五歳になります。これでバランスが取れました。この数字を別の表現にしますと夫妻（2・3・5、フサイ）となります」

この話を聞いた出席者は、うまいことを言うもんだなぁ、と感心していた。

「では、ここに誕生した新しい夫婦に乾杯！」と音頭をとった。

出席者は用意された料理に、それぞれ箸を進めていた。「ところで台湾とはどんな所なんだろう」どこからともなくそんな声が聞こえてきた。実は台湾がどんな所なのか、どの辺にあるのか、外代樹の親戚でも知っているものはいなかった。

「ところで与一さん、せっかくの機会なので我々にも台湾のことを少し話してもらえませんか」

「わかりました。私が知っている事を簡単にご説明させていただきます」

「みなさん、樟脳ってご存知でしょう？　大切な着物に虫がつかないようにタンスの中に入れる白い固形物のことです。クスノキの葉や枝などのチップを蒸留してできた真っ白な結晶で、セルロイドや無煙火薬の製造原料、香料・防虫剤（絹織物・毛織物・綿織物・麻織物・皮革製品）・医薬品などに用いられています。

ほかにも映画産業にも使われており、フィルムに欠かせないものなんですよ。映画の本場アメリカ・ハリウッドに大量に輸出されているのです。台湾の樟脳は世界の需要の約９０％を占めているため、これを取り扱う日本の大商社が神戸に事業所を置いて熾烈な競争を繰り広げているのです」

お嫁さんの親戚に対して、与一は懇切丁寧に台湾の現状と将来について話を続けた。

「台湾は内地とは違って一年を通して温暖な所です。そのため山中にはマラリヤを媒介する蚊がいます。私たち土木を担当するものは、そんな山の中で実地測量をしながら工事を進めています。上下水道を整備していくことで病原菌の撲滅が可能になります。

それまでの間は心配がないといったらウソになりますが、幸いキニーネというマラリヤの特効薬があります。このような薬を常に携帯して、予防には万全を尽くしますからどうぞご安心ください」

はじめて聞く話に「へえ、ほ〜、台湾とはそういう所なのか」とお酒を片手で持ったまま夢中になって聞いていた。

「ところで病気になった時、きちんとした病院はあるのですか。近くには日本人は住んでいるのですか」と矢継ぎ早に質問が飛んだ。十六歳になったばかりの娘が果たして台湾で生活できるか、というのが親戚一同の一番の心配ごとだった。

与一の母・サトは、三十歳を過ぎた息子がやっと所帯を持つことになったことを喜んでいた。その母がポツリと漏らした。

「外代樹さん、与一が仕事に出ている間、一人で寂しくはないですか」

年齢差のことばかりに関心を持っていた親戚たちは大事なことを思い出したように口を開いた。

「そうだよ。与一さんが仕事で留守の時、ず〜っと一人ぼっちでいるのは不安だろうに。内地ならまだしも、外地やからなぁ」

外代樹の父・吉太郎もハッとした。

「そうだった。うっかりしていた！」

たまたま家にはミサオという気心の知れた女中がいる。ミサオを女中として外代樹に付けてあげようと思い、彼女の親の承諾を取ることにした。そうすれば、一番の心配事が解決することになる。与一の母はよいところに気が付いてくれたと吉太郎も感心した。

一週間ほどの新婚旅行を終えて金沢に戻った二人は、挨拶回りもそこそこに、それぞれの家に戻り、荷造りを始めた。外代樹も、どうすれば行李一つに荷物をまとめられるかを工夫していた。

その時母が、「外代樹、ちょっとこっちへきなさい。これを持って行きなさい」と風呂敷包みを渡した。開けてみると、中には「花嫁のれん」が入っていた。

「花嫁のれん」というのは、婚礼当日の朝、花嫁が嫁ぎ先の仏壇（ご先祖様）へ挨拶する前にくぐる「のれん」のことである。母が持たせてくれた「花嫁のれん」は、上半分が紫色で下には鳥と松の絵が描かれていた。風呂敷には二羽の鶴が飛んでいる模様が描かれていた。残念ながら、金沢の地で「のれん」をくぐることはできなくなったが、形だけでも台湾でこの儀式をしようと外代樹は決めた。代々受け継がれていた金沢の伝統文化を娘に託した母の親心を察して外代樹は涙ぐんだ。

故郷との別れ、山中峠越え

大正六年（一九一七）八月二十八日の朝がやってきた。

今日は台湾への出発の日である。五時四十五分の始発列車に乗るため外代樹は四時に起きた。これが最後かと部屋の中を見渡すと、そこには子どものころの思い出の品が目に焼き付いた。手に取りながら当時のことを思い出していた。（いよいよ金沢ともお別れね……）

外代樹は着替えを終えて居間に向かった。居間に行くと娘が持っていく行李の中身の最終確認を終え、荒縄で結び始めている母の姿があった。

「お母さん、おはようございます」と、挨拶をすると「おはよう」とだけ言って、そのまま作業を続けた。母の背中が泣いているように思われた。父も起きてきた。間もなく人力車が到着する頃である。

家の中では外代樹が両親に最後の挨拶をするところだった。

「お父さん、お母さん、長い間お世話になりました」

外代樹は挨拶を終えた途端にこらえきれずに泣き出した。

「健康には十分気をつけるんだよ」

父・吉太郎の目にも、うっすらと涙が滲んでいた。

母・琴は、

「困ったことがあったら、すぐに連絡をよこすんだよ」

と言うのが精いっぱいだった。

兄の貞知が荷物を玄関に運んだ。丁度その時、与一が兄の智證と迎えに来た。

「おはようございます。八田です、お迎えに上がりました」

玄関にいた貞知が挨拶を済ませたあと、父の吉太郎を呼びに行った。前日は一時雨が降ったが、今朝は晴れそうな天気だった。涼しくて、とても気持ちのよい朝だった。

八田家は遠いので前夜は近くの旅館に泊まっていた。与一たちは自分たちが乗る人力車の他に、米村家の分も用意していた。人力車が迎えに来た。与一は外代樹の行李を人力車に積み込んだ。

外代樹の母だけが金沢駅まで見送りに行くことになっていたが、

「私たちも行きたい。学校へは見送ってからでも間に合います」

と妹たちは駄々をこねた。結局、病院の仕事がある父・吉太郎だけをおいて全員で見送ることになった。このやり取りを見ていた与一は、人力車を家族分頼んでおいてよかったと思った。

駅舎の中は一番列車に乗り込む人で賑わっていた。駅にはミサオと彼女の母親が外代樹たちの到着を待っていた。

いて来た。


「しっかりとお仕えするんだよ」

ミサオの母も遠い台湾へ行く娘を涙ながらに激励していた。ミサオの姿を見つけた琴が近づいて来た。

「ミサオちゃん、外代樹のことよろしく頼みますよ」

と懇願した。

三人はここから神戸に向かい、神戸港から船に乗って台湾の基隆《きーるん》まで行くのである。汽車の中で弁当を食べようと与一は発車の前に「汽車弁当」と「お茶の土瓶」を三個ずつ購入した。弁当は一つ三十銭だった。駅弁は金沢駅の開業と同時に立ち売りが開始されていた。

金沢始発、米原行きの汽車がホームに入ってきた。三人は乗り込んだ。すると、人ごみの中から外代樹の名前を呼ぶ女性の声が聞こえた。

「外代樹ちゃ〜ん」

数人の女の子が手を振りながら駆け寄ってきた。外代樹は窓から手を振った。

「ここよ〜」

結婚式に出席してくれた級友四人が見送りにきてくれたのだ。発車のベルが鳴り響いた。ホームがどよめいた。

汽笛が鳴った。汽車がゆっくりと動き出した。

「さようなら、さようなら、みなさんお元気で、ありがとうございました。お世話になりました」

外代樹は声を枯らした。

「外代樹ちゃ～ん。元気でね～。さようなら～」

兄妹たちは手を振りながらホームを走り汽車を追いかけてきた。外代樹もいつまでも手を振り続けていた。やがて人の姿もだんだん小さくなっていった。

「とうとう行ってしまったね」と、琴は寂しげに自分自身に言った。やがて汽車は見えなくなり、煙だけがうっすらと空に漂っていた。だが、その煙もいつしか消えてなくなった。

汽車は米原を目指しもくもくと煙を吐いていた。窓の外には田んぼが広がっていた。外代樹とミサオは当分の間見ることのできない、過ぎゆく故郷の風景を目を凝らして見ていた。そんな二人を与一は黙って見つめていた。いつの間にか眠ってしまった二人を盗み見していた与一も又眠ってしまった。

一時間程ウトウトしただろうか、福井に到着した。三人共早起きだったのでお腹もすいてきた。与一が「そろそろ朝食にしましょう」と言った。弁当の表紙には「大友楼」と書いてあった。大友楼は金沢駅開業と時を同じくして、弁当の立ち売りを開始していた。ふたを開けたくさんのおかずが目に入った。

「美味しそうですね」

と外代樹の顔がほころんだ。ミサオも、

「私にまで、こんな贅沢なお弁当をすみません」

「そんなにかしこまらないでください。ミサオさん、私たちはこれから一緒に暮らすのですから、私が仕事に出かけている間よろしくお願いしますね」

ミサオは自分の立場をわきまえていた。父も、「ミサオは気が利く女中だ」と褒めていた。

ミサオを付けてくれた理由がよく理解できた。

「ミサオさん、さっそくいただきましょう」

と言って食べ始めた。二段の折木で、上の段には卵焼き、紅白板付け蒲鉾、サバの焼き魚、切りするめのあめ煮、筑前煮、寒天流し、煮豆などのおかず、そして下の段には白ご飯、梅干、香のものが入っていた。

弁当を食べながら与一は二人に話し始めた。

「この先に山中峠という峠があって、そこを越えて行くんですよ。これがまた難所でね。でも、景色のよい所だから寝ないでいてね」

二人は、そんなに険しい峠を汽車が本当に越えられるのかしらと顔を見合わせた。

車窓からはのどかな農村の田園風景がどこまでも続いていた。食後、また眠気がさしてきた。

夕べの寝不足のせいだった。

「ごはんを食べたら眠くなるのは自然なことさ」

と与一は笑った。適度に揺れるのでどうしても睡魔には負ける。

「起こしてあげるから、二人共安心して寝ていてください」

与一の言葉に甘えて、また寝てしまった。与一は、眠っている外代樹のまだあどけない表情をながめながら、改めて大事にしなくては、と心に誓った。

小さな集落が見えてきた。その周りには田畑が広がっていた。汽車は少しずつ上り勾配を走っていた。

金沢駅を発車して福井駅を経過し、三時間が経とうとしていた。機関車は力強く煙を吐いて客車を引っ張っていた。あと十五分もすれば今庄駅に到着するころである。

二人は目を覚ました。

「今、どの辺を走っているのですか」

「あと少しで今庄駅に着くところです。

ここからの山越えが大変でね。勾配がきつくて一気に超えることができないので、スイッチバックを繰り返しながら坂道を登って行くんですよ。

トンネルも全部で十か所以上あってね、窓から煤が入ってくるんです」

外代樹もミサオもそんなトンネルを抜けながらの山超えがどんなものか気がかりだった。今庄に到着した。今庄から敦賀までは大桐、杉津、新保という三つの駅がある。信号所も三か所、スイッチバックは四か所、そしてトンネルが十二か所もある。25／1000という急こう配を登っていくのである。一番高いところは大桐駅と杉津駅の間にある山中トンネルである。

汽車の運賃は高いが、峠越えをするには汽車が一番便利だった。この地方は交通不便なところだったので、鉄道が開通した時には住民はバンザイ三唱をして祝った。

勢いよく汽笛を鳴らして九時八分、定刻通り今庄駅を発車した。線路の両脇には田んぼが見えたが、豊かな山林が田んぼのすぐ近くまでせまってきていた。

「少しスピードが落ちてきたみたいですね」

と外代樹が言うと
「こう配のせいでしょうかね」

と与一は答えた。今庄を出て十四分ほどで大桐駅に到着した。実は元々ここは駅ではなく、スイッチバックの拠点として大桐信号所が開設された。その後、地元の要望に応える形で停車場に昇格したのである。そんなわけで、最初のスイッチバックはここから始まることになる。

「峠越えが始まるよ」

与一がそう言うと、外代樹とミサオは真剣な顔つきで窓の外を見ていた。

「そんな心配そうな顔をしなくても大丈夫ですよ」と笑った。

九時十七分、大桐駅を発車した。大桐信号所のスイッチバックを過ぎて、山中峠に向け、徐々にきつくなる上り勾配を走って行った。機関車から勢いよく黒煙が吐き出されていた。汽車は山中信号所に到着した。ここで下り列車と交換するため、一旦勾配のない折り返し線にバックで、上り線の待避線に入った。しばらくすると下り列車が通過した。信号が変わった。

三人が乗った汽車は発車した。勢いをつけて急こう配に挑んだ。すでに窓は全部締め切られていた。トンネルに入ってしばらくすると煤煙が少し窓の隙間から入ってきた。

「やっぱり入ってきたか」

「杉津に着いたら顔でも洗おう」

そんな声があちこちから聞こえてきた。外代樹とミサオの顔や手や着物に煤煙の煤が付いた。お互いの顔を見て笑った。与一の顔やズボンにも煤が付着した。付着するたびに他の乗客たちも手でパタパタとたたいて煤を落としたり、口で吹いて煤を飛ばしていた。

この山中トンネルは１km以上もある長いトンネルで、客車内でも大変なのに、機関車の中はもっと大変である。機関士と助手はゴーグルをかけ、トンネル内では口にタオルをあてがっていた。二つ目のトンネルを抜けたらさっきよりも煤が付いていた。笑うしかなかった。他の乗客もみな同じだった。

五つ目か六つ目のトンネルを過ぎたあたりだろうか、突然右側に青いきれいな海が見えてきた。

「わぁ、きれい」

と外代樹とミサオは初めて見る景色に圧倒されていた。

明治四十二年、東宮様（後の大正天皇）が行啓（九月十八日〜二十三日）の折り、御乗用臨時列車が杉津駅を通過の際、わざわざ一時停車して、その絶景に見惚れておられたという逸話も残っている。

「いい景色でしょ。ここは敦賀湾です」

与一は台湾から帰ってくるとき、すでにこの絶景を見ていたのでわかっていた。汽車はゆっくり杉津駅に止まった。

「ここで顔でも洗いましょう」と言って先に二人をホームに下した。他の乗客たちも顔を洗いに行った。杉津駅では多くの乗客がホームに降りて、駅からの絶景に見とれていた。

ようやく敦賀駅に到着した。今庄から敦賀までは一時間二分かかった。長い峠越えだった。東海道本線の米原駅までは、あと二時間くらいである。金沢を出発してからここまでは四時間三十五分かかったことになる。

明治五年に新橋と横浜間が開業した。その十年後に敦賀駅は開業した。敦賀は古くから海運の重要な拠点だったが、鉄道が走ることになって、その重要さはさらに増した。

日本では明治四十五年（一九一二）に欧亜国際連絡列車が開通した。

この列車は毎週金曜日、新橋駅発（東京）夜八時二十五分、神戸行き急行に一等寝台車を併結した。翌朝八時二十二分に米原に到着後、ここで車両を分離して金ケ崎（敦賀港駅）に向かう。米原駅を八時三十五分に発車し、敦賀駅を経て、十時五十分には金ケ崎に着く。そして敦賀港からの大阪商船ウラジオストック航路に乗り継ぎ、そこからシベリア鉄道を利用して遥か欧州を目指して行った。モスクワまでは８０００㎞。ロンドン、パリまでは約１万㎞もあった。

敦賀港は、その後も中国・朝鮮・ロシアとの海上交易拠点として順調に発展していくことになる。ちなみに、「君死にたまふことなかれ」で有名な歌人の与謝野晶子は、明治四十五年（一九一二）五月、この敦賀・ウラジオストック・モスクワのシベリア鉄道のコースを利用して欧州に遊学している。

米原から神戸へ

時計の針は十一時五十八分を指していた。あと十二分で北陸線の終点米原に到着する。まわりの乗客もそわそわし始めた。少し疲れたのか、外代樹が口に手を当ててあくびをした。それを見ていたミサオもつられてあくびをした。与一も、首を上下左右に振ったり、肩を動かしたりして、体をほぐしていた。

米原は東海道線と北陸線の分岐点である。金沢から七時間という長旅だった。乗り換え時間は十八分あるので充分余裕がある。さすがに東海道線との乗換駅だけあってホームは賑わっていた。与一はそんな光景に見とれている場合ではなかった。昼食の用意をしなくてはならない。米原駅構内で弁当の立ち売りが見えたので急いで買った。そして三人は二等車の列に並んだ。

米原駅は東海道本線の主要駅の一つであり、日露戦争当時は出征兵士と家族との面会の場となった。その後の第一次世界大戦やシベリア出兵時には軍弁と呼ばれた「軍隊弁当」を軍部に卸していた。東京発下関行きの列車がホームに入ってきた。

十二時二十八分、定刻通り米原駅を発車した。神戸到着予定は十六時四十八分である。与一が確保した席には、すでに気品ある老婦人が座っていた。三人がお弁当の包みを開ける音で目を覚ましたようだった。

老婦人に、

「失礼してお弁当をいただきます」

と、一言挨拶をして食べはじめた。汽車土瓶を見た外代樹は、

「あら？　土瓶に米原と地名が刻まれていますよ。記念に持って行きましょう。」

と言った。

弁当の表紙には井筒屋・宮川利八と書いてあった。卵焼き、海老豆、焼鮭、ほうれん草のお浸し、蒲鉾、小芋、蒟蒻《こんにゃく》、梅干など品数が多かった。

豪華な駅弁を食べて、夕べからの緊張もほぐれてリラックスしていた三人は、誰からともなく居眠りしていた。すると、どこからともなく威勢のよい弁当売りの声が聞こえてきた。京都に着いたようだ。時計を見たら十四時四十分だった。

「京都に着きましたよ。停車時間があるからお茶でも買ってきましょう」

と与一はホームに降りた。

「間もなく大阪に到着しまーす」

と、車掌が車内を巡回していた。十五時四十四分、列車は大阪駅のホームにすべり込んだ。

大阪で降りる乗客も多かった。

「大阪は賑やかなところですねぇ」

と外代樹が言うと、

「大阪は商人の町だからね。大阪にも港はあるが、川幅が狭くて浅いので、大型船は神戸に行ってしまうのだよ。ここまで来れば神戸はもうすぐですよ」

と与一が教えた。十五時五十六分、定刻通り大阪駅を発車した。大阪から神戸までは約一時間で着く。

十六時四十八分、汽車は神戸駅に到着した。金沢を早朝五時四十五分に出てから、乗り換え時間を含めて十一時間三分もかかっていた。一日がかりの長旅だった。

「ようやく到着しましたよ。さあ、降りましょう」

と与一は外代樹の行李を抱えて改札口へ向かった。そこには予約しておいた旅館の番頭が「のぼり」を持って待っていた。

「お待ちしておりました。ご案内いたします」

三人は人力車に乗って旅館に向かった。

神戸港は開港五十年目を迎え、日本全国の貿易額の四割を占め、横浜港と貿易高を二分していた。国内、国外の多くの船会社がここに事務所を構えていたので外国人の姿も多かった。

日本が台湾の統治をはじめた明治二十八年（一八九五）、神戸に住む居留外国人数はイギリス人、アメリカ人、ドイツ人、オランダ人、清国人、その他の合計が１９０８人だった。それから二十二年経っているので、さらに増加していることは容易に想像できた。

三人は旅館に着いた。

「だいぶ疲れたでしょう。八月三十日の台湾行きの船に乗りますから、それまで二日間の余裕があります。その間神戸の街をゆっくり観光しましょう」

「ありがとうございます。楽しみです」

と外代樹は喜んだ。ミサオもうれしそうな顔をした。

「まずはお風呂に浸かって旅の疲れをほぐしましょう」

三人は浴場へ向かった。

お風呂から上がった三人は「神戸名勝案内記」というガイドブックを広げて見た。「居留地」という今まで聞いたこともない名所の写真が目についた。「居留地」とは、日本国内において外国人が自由に住むことを国際条約によって認めた土地のことであり、居留民には、借地、建物の購入、倉庫の建設などが認められていた。

神戸は函館、横浜、長崎の開港から九年後の明治元年（一八六八）一月一日に開港した。一八六一年（明治維新の七年前）、初代駐日英国公使のオールコックは、長崎からの航路の途中、視察のために兵庫津（神戸港）に上陸。この一帯が外国人居留地として最適であると日本側役人に伝えたが、日本国内の政情不穏から開港が遅れた。居留地の造成は、ヨーロッパの近代都市計画技術を基に、当初からイギリス人土木技師、J・W・ハートが設計を行い、格子状街路、街路樹、公園、街灯、下水道などが整備され、次々と洋館が建てられた。

翌日三人は、居留地・諏訪山遊園地・布引の瀧・生田神社の観光に出発した。

外代樹は、

「神戸はよいところでしたね。お陰で見聞が広がりました」

とお礼を言った。外代樹とミサオにとっては忘れられない想い出となった。

遥かなる台湾へ出航

大正六年八月三十日の朝を迎えた。

目が覚めたばかりの布団の中で、いよいよ見知らぬ台湾へ向けて出発か……と外代樹は少々感傷気味だった。隣りを見たらミサオも目を覚ましていた。

「いよいよ内地ともお別れね」と話しかけると、ミサオが「珍しい台湾での生活も楽しいかもわかりませんよ」と期待をふくらませていた。「ミサオちゃんの言葉で私も元気が出てきましたよ」とお互いの顔を見ながら笑った。

三人は食堂に向かった。

「出航は正午なので時間は充分ありますが、港の待合室でゆっくりしましょう」

と与一が言うと、

「そのほうが安心ですね」

と外代樹もうなづいた。

荷物をまとめた三人は、お茶を飲んで歓談した。

「そろそろ、出発しましょうか」

と与一が言うと、外代樹も弾んだ声で、

「ええ、行きましょう」

と笑顔で応えた。三人は旅館を後にした。

外は快晴だった。旅館の前には人力車が三台待っていた。人力車は神戸港に向かって走り出した。ときおり、気持ちのよい海風が体を吹き抜けていった。二十分ばかりで神戸港に到着した。港には大型・小型の船が何艘も停泊していた。貿易量の増大とともに、築港も進められていた。外代樹とミサオは自分たちの乗船する船を見上げた。

「こんな大きな船を見たのは初めてです」

と外代樹が驚くと、

「この船は備後丸といって６１４６トンもあるんですよ」

と与一が説明した。神戸港からは台湾の他にヨーロッパ、北米、オーストラリア、大連などへ日本郵船と大阪商船が運航していた。

大阪商船は明治二十九年（一八九六）に大阪（のちには神戸も）と基隆間の航路を台湾総督府命令航路として定期航海を下命された。遅れて日本郵船も同区間の航路を陸軍省命令航路（明治三十年には台湾総督府命令航路と改名された）として下命された。その後、日本郵船（のちに近海郵船）と大阪商船の間で経営拡大競争を繰り広げていくことになる。

「これから基隆行きの乗船を開始します」

と放送が流れた。

三人は改札口に並んだ。外代樹とミサオは初めての船旅に幾分緊張していた。

「さあ、乗船しますよ。タラップを登るときは手すりにしっかりつかまってね」

と与一は二人にアドバイスをした。与一に続いてタラップを登りながら外代樹とミサオは船を見上げた。その大きさに二人は改めて驚いた。与一は二等船室のチケットを奮発していた。船会社によってはクラスの分け方は多少違うが、この船会社は一等、二等、乙二等、三等に分けられていた。料金は一等三十六円、二等二十四円、乙二等十八円、三等十二円であった。（平成二十六年の価値に換算すれば、それぞれ三十六万円、二十四万円、十八万円、十二万円となる）

与一は、良き伴侶と、これから何かとお世話になるミサオに、船の旅を楽しんでもらおうと思って二等船室を予約しておいた。外代樹は部屋に入るなり、

「広くてきれいな部屋ですねぇ」

と、顔をほころばせた。ミサオもあまりの豪華さに恐縮していた。

「そんなに喜んでもらえてよかったなぁ」

と与一は満足そうな顔をした。荷物を部屋においてから三人はデッキに出た。まだタラップを上っている乗船客の姿が見えた。大きく銅鑼の音が響いた。いよいよ台湾へ向けての出港だ。外代樹とミサオの顔には、ちょっぴり哀愁の表情があった。船は少しずつ港を離れ、最初の寄港地である門司港へ向けて順調に航行した。

デッキに立ったままの与一は、金沢の方向を見ながら、新しい人生を与えてくれた兄と、今や義父となった外代樹の父・吉太郎に心の中で手を合わせた。

外代樹とミサオは潮風を浴びながら、船を追ってきたカモメを見ていた。

「ごめんね。食べ物は持っていないのよ」

と外代樹はカモメに語りかけた。島の多い瀬戸内海の景色に見とれていたら、

「そろそろ部屋に戻りましょう」

と言う与一の声に気づいた。外代樹は、

「ミサオちゃん、行きましょうか」

と言って三人はデッキを離れた。

部屋でくつろいでいると、外代樹が、

「全然揺れませんね。船が大きいからですか」

と与一に訊いた。

「もちろん船が大きいこともあるけど、瀬戸内海は波が穏やかだからね。外洋に出たら揺れを感じますよ」

と答えた。

夕食の時間がやってきた。三人はいそいそと食堂に向かった。席に案内されると和食が運ばれてきた。

「美味しそう、こんなご馳走初めてよ」

料理を目にした外代樹はあまりの豪華さにビックリして与一の顔を見た。

「ええ、一流のコックさんが乗船していますからね。長い船の旅を、料理でもてなしてくれているのです」

と、上等な料理を目の前にして与一もニッコリした。三人は食事を終えて部屋に戻った。窓からは遠くのほうに灯りが見えた。

「今夜は早めに寝ましょう。目が覚めたころには門司港に着くと思いますよ」

と与一が話した。

備後丸は予定通り八月三十一日早朝、門司港沖合に停泊した。小さな船が忙しそうに往来していた。向こうに門司港の岸壁が見えた。よく見ると工事中のようだった。関門海峡には多くの浅瀬があり、座礁事故も頻発していたことから、明治四十三年（一九一〇）浚渫《しゅんせつ》（＝岸壁を深くすること）工事が始まった。そして、年間三十五万トンの荷捌《にさば》きを目標として、その達成のため、大正五年（一九一六）から六年にかけて東海岸ふ頭の造成が行われた。

職業柄興味を持った与一が船員に聞いたところ、海面埋立、岸壁及び防波堤工事も間もなく終わり、大正九年（一九二〇）三月頃には完成予定とのことだった。大正五年の入出港数は4974隻で全国一であった。その訳は、門司港は地形上国内海運流通の中心であったからである。瀬戸内海を通じて関西方面、日本海の東北、北陸、山陰方面ともつながっていた。その上に朝鮮と門司の間には関釜連絡船が運航していた。台湾からも九州が一番近かったこともあり、当時珍しかったバナナも門司港に陸揚げされ、ここから全国に広まった。平成の現代でも門司港では「バナナのたたき売り」という行事が行われている。

三人は、夕方の出港までの間、備後丸の中をほうぼう見て回った。外代樹もミサオも初めて見る大型客船の中は興味津々だった。錨が上げられた。「当船はまもなく出港します」という放送が流れた。門司から台湾の基隆まで三日半の長旅である。

大正六年八月三十一日夕方四時、三人を乗せた備後丸は予定通り門司港を出港した。ここから東シナ海に出て、一路台湾・基隆を目指して航行する。基隆港到着は九月三日（月）早朝の予定である。船の中で与一は、台湾の住居について話をした。

「台北市の西門町というところに家を借りてあります。ここは賑やかなところです。生活するにも便利だと思います。内地と全く同じだと思ってください」

と二人を安心させた。翌朝、いつもより早く目が覚めた外代樹は窓の外を見ていた。

「あの島が台湾ね」

ミサオも

「とうとう外地に着きましたね」

と、二人共不安はなかった。外は快晴だった。

大正六年九月三日早朝、やっと船は基隆港に接岸した。

神戸出発以来四泊五日の長旅だった。最初は少々不安気味だった二人は与一の心遣いで今後の明るい生活を夢見るように変身した。

「みなさま、おはようございます。当船は只今、台湾・基隆港に着きました。長らくのご乗船お疲れ様でした」

と船内放送があった。

第三章

台湾での生活

台湾の基隆港到着

三人はタラップから降り立った。金沢を出て六日目、長い旅を終えてようやく台湾の土を踏んだ。与一の部下が迎えに来ていた。

「八田技師、お帰りなさい。長旅お疲れ様でした。奥様はどちらですか」

「軽い船酔いを起こしているので待合室で休ませているんだよ」

「そうですか、それは大変でしたね。少し良くなるまで、私は車の中でお待ちしています」

と言って部下は車を移動させた。しばらくしてから与一は、二人を連れて待合室から出てきた。

「待たせて申し訳ない」

と部下に陳謝して、

「これが私の嫁で、こちらが世話をしてくれる親戚の人です」

と外代樹とミサオを紹介した。

車は、一路台北市内に向けて走り出した。二人は初めて見る外地の景色を珍しそうに眺めていた。四十分ほど走ると車は西門町の自宅に到着した。荷物を下ろしたあと現場に戻した。

「さあ、ここですよ。中に入ってください」

と言って、二人を案内したのは日本風の一軒家だった。

「家の作りは、まるで日本と同じですね」

と外代樹が言うと、与一は
「そうなんです。これから建築される建物は殆んど日本風になりますよ。ここは内地と変わりませんからね」

そう言って笑った。ミサオは動きやすい服に着替えて、さっそく荷ほどきを始めた。外代樹は家の中を見て回った。それから、与一と一緒に家の周りを歩きまわった。

外代樹は、

「環境のよいところですね。私、ここが気に入りました」

と与一を安心させた。

昼食にはまだ時間があるので、一息ついた後に街の案内を兼ねて商店街を回り、食堂で食べることにした。明日からは通常の生活が始まるので、外代樹とミサオはどのお店にどんな物が売っているのか、物色しながら歩いた。この辺のことは与一も少しはわかるようで、

「あの店では食料品を売ってます。味噌、醤油、塩などです。その隣りの店は八百屋さんです。もう少し先に行くと魚屋さんがあります。駄菓子屋さんも知っておきましょう」

と与一は二人を見ながら笑った。果物屋では内地では高価なバナナやマンゴー、ヤシの実、パイナップル、パパイアなどが安価で売られていた。

「ミサオさん、私の行李を開けてください」

この中には母が外代樹に持たせた「花嫁のれん」が入っている。故郷では「花嫁のれん」を掛けてくぐることは出来なかったから、ここでくぐろうと思った。

夫が帰宅した。さっそく外代樹は「花嫁のれん」の儀式の相談をした。

「実はこれ、母が持たせてくれた『花嫁のれん』です。本来は、嫁ぎ先のご先祖様（仏壇）に挨拶をする時にくぐるものですが、ここでは茶の間とあなたの部屋の間にかけてくぐります」

「とても厳粛な気持ちになったよ」

と与一も同じ思いだった。大事な婚礼儀式を終えたことで、外代樹は二度目の新婚気分を味わった。

台湾に来て一か月が過ぎた。内地ではそろそろ紅葉が始まるだろう。金沢では衣替えの季節だが常夏の台湾ではその必要もなかった。

つわり、長女出産

大正七年、台湾に来て初めての夏を迎えようとしていた。

「それにしても台湾の夏は暑いわね」

「昼間は出来るだけ出掛けないで、陽が傾いてから外出しましょう」

とミサオも気をつかった。突然セミの鳴く声が聞こえてきた。

「あら、セミの鳴き声は内地も台湾も同じだわねえ」

二人は新発見をしたみたいに大きな声を上げた。

自宅で寛いでいた外代樹は、急に酸ものが食べたいとミサオに言った。ミサオは何も考えずに、

「キュウリかラッキョウでもいかがですか」

と聞いた途端に、外代樹は気分が悪くなって便所へ入った。ミサオは、まさかへんな風土病にでもかかったのではと心配した。だが直ぐに気分は治まった。

「奥様、一度病院へ行ってみましょう。心配だから」

「ミサオさん、一緒に行ってくれませんか。私一人では心細いですから」

翌日、さっそく二人で台北市内の医院へ出かけた。診察の結果は意外にも妊娠三か月とのことだった。若い二人はこのことを予想していなかった。

夫は珍しく帰宅が早かった。

「お帰りなさい、今日はお早いのですねえ」

「うん、工事計画書がようやく出来上がってね。それでいつもより早く帰れたんだ」

外代樹は急にもぞもぞし出した。それを感じた与一は、

「何かあったの、ミサオさん、何か知っているの」

するとミサオは急に嬉しそうな顔になり、

「奥さまから直接お聞きになってください」

と答えた。外代樹は急に恥ずかしそうな顔をして、

「最近、食べ物の好みが変わってきたから心配になり、今日お医者様に診てもらったら妊娠三か月でした。予定日は来年の二月だそうです」

「そうか、子どもが出来たのか」

与一は顔をクシャクシャにして喜びを表した。

大正七年の秋も深まった頃、外代樹のお腹も少し目立ち始めた。

「初めての子どもだし、金沢で産んではどうだろうか。ご両親にとっても初孫だから」

と与一が提案した。

すぐさま、

「本当ですか、嬉しいですわ。傍に親がいると安心ですから」

「ミサオさん、一緒に付き添って行ってください。僕は独身時代が長かったから大丈夫です」

金沢の両親にもこのことを手紙で伝えた。

一週間後、ミサオに付き添われて外代樹は金沢に向けて出発することになった。与一は二人を基隆港まで送った。

「では、行ってきます」

「あぁ、気をつけてね。ミサオさん、よろしく頼みますよ」

二人は船上の人となった。（今度、台湾に戻ってくる時は家族が一人増えているのか）与一は来年

が待ち遠しかった。

二人が乗った船が内地に近づくにつれて気温が下がってきた。

「奥さん、やはり台湾は暖かいところですね」

とミサオが言うと、

「本当ね。こちらは冬に向かっていくんですから」

と返事をした。船は門司港を経由して神戸港に入港した。下船した二人は人力車に乗って神戸駅に向かった。

二人は八時十七分発の普通列車に乗り込んだ。台湾に渡る時に乗った汽車は、随分と時間が長く感じたものだったが、今度はそうではなかった。外代樹は時折、お腹に手を当てていた。

「奥さん、嬉しそうですね」とミサオも微笑んだ。

十時三十二分、京都駅に到着した。ささやかな楽しみの一つにしていた京都の駅弁を買って食べることにした。おしゃれな表紙には「京都萩乃家」と書いてあり、四十銭だった。ご飯のほかには、かまぼこ、ダシ巻き、タケノコ、高野豆腐、煮豆、つけもの、塩サバ、と遅い朝食にはちょうどよい料理だった。思っていた通りの盛り合わせだった。

十三時五分、米原駅に到着。乗り換え時間が七分しかないので、二人は急ぎ足で北陸線のホームに向かった。

十三時十二分、汽車は発車した。十四時五十三分、敦賀駅到着。少しずつ故郷に近づいてきた。これからまた沢山のトンネルをくぐり抜けなければならない。二人は煤除けのハンケチを用意した。

汽車は一路金沢を目指していた。外代樹は、

「不思議ねえ。一年前台湾に行く時と帰ってくる時とでは、車窓からの景色も違って見えるのね」

とミサオの顔をみた。

「そう言われれば、そんな感じもしますねぇ」

窓からみえる山並みは色づいていた。

十七時二十四分、金津駅に到着した。もうすぐだ。

十八時五十九分、二人は夢にまで見たふるさとの金沢駅に到着した。駅前は旅館の法被を着た人や、迎えの人たちで溢れていた。その中に大きく手を振っている数人のかたまりが見えた。外代樹の妹たちだった。

「お姉さん。こっち、こっち」

と手招きをした。傍には母親の琴もミサオの母親も立っていた。

「お母さん、お久しぶり」

「お帰り、元気そうでよかった。ミサオさん、外代樹を助けてくれてありがとう」

と外代樹の母が労った。ミサオの母親も、

「二人共達者でよかったね。お前も役に立っているのかい」

と言葉をかけた。一年ぶりの再会に、駅舎内での会話は限りなく続いた。外代樹の母は、自分のマフラーを外して娘の首に巻いてあげた。傍にいたミサオの母親も外代樹の体を気遣いながら、

「おめでとうございます」

とお祝いの言葉を掛けた。外代樹も、

「ミサオさんのお蔭で大変助かっております」

と頭を下げた。外代樹は、この一年で随分と大人びた感じになっていた。

「そろそろ家に帰りましょう」

琴がそう言ってミサオたちと別れ、人力車で家に向かった。

「お父さん、只今戻りました」

「おお、お帰り、元気そうでよかった」

仕事を終えて自宅に戻っていた父は相好を崩して娘を迎えた。

「ミサヲはどうしたっ」

駅まで母親が迎えに来た事を話すと、「そうか、そうか。」と首を縦に振った。父も、外代樹のお腹を見るなり、「あまり無理な動きをしないように、」と医者らしく注意した。

「与一君は相変らず忙しいのかい」

「ええ、計画中のダムの工事の件で毎日忙しそうに働いていています」

何日かして、与一の兄の智證が訪ねてきた。

「やあ、お帰り、元気でなによりでした」

「お義兄さま、主人も元気にしておりますからご安心ください」

「こっちは台湾とちがって寒くなるので、お腹の赤ちゃんのためにも風邪を引かないように気をつけてください」

「はい、両親からも言われていますので十分気をつけます」

義兄は、弟が大きな仕事に取り組んでいる事に大きな関心を持っていた。とはいえ、外代樹はダム工事現場のことなど詳しく知っているわけではないので、夫がたまに聞かせてくれる仕事の内容の話をした。

「ほーほー、そうですか」

と相槌を打ちながら聞いていた。その後、義兄は父と懇談をはじめた。

外代樹のお腹は日増しに目立ってきた。母に頼まれて外出した時には、必ず首にマフラーを巻いた。どこの家も正月を迎える準備で忙しそうにしていた。

外代樹は、おせち料理を作っていた母の手伝いをした。おせち料理を一番楽しみにしているのは子どもたちであった。手伝いが終わって、茶の間でお茶を飲んでいたら、

「外代樹、ちょっとこっちへきなさい」

と父の声がした。

「丁度よい機会だから、この縁起物の由来を教えてあげよう」

そういって吉太郎は、どうして「しめ縄」が三重になっているのかを話し始めた。

大正八年正月元旦、家族全員が居間にそろった。まず吉太郎が、

「新年おめでとう。今年も家族みんなが健康でありますように。外代樹も丈夫な赤ちゃんを産みますように」

と、一言付け加えた。吉太郎はお酒をたしなむことはないが、正月の御屠蘇だけは付き合いで少しだけ飲んだ。すぐに顔が真っ赤になった。

外代樹のお腹は満月に近づいてきた。

「来月にも生まれるだろう」

と吉太郎が言うと、琴も、

「私たちもお婆さん、お爺さんになるのですね」

と笑った。外代樹の兄・貞知は、

「じゃ、僕はおじさんになるのですね」

妹たちは、

「私たちも叔母さんになるんですね」と言って大笑いした。

外は晴れていたが今季はみぞれ混じりの雨が多く、本格的な降雪はこれからだった。テーブ

ルの上には、母親が丹精をこめて作ったいつもの正月料理が並べられた。

吉太郎は恒例の訓話を始めた。

「今年は、『欲』というものについて話をする。朱子学には『順理則裕《じゅんりそくゆう》』と『従欲惟危《じゅうよくいき》』という言葉がある。順理則裕というのは、理にかなうことをすれば裕《ゆたか》になる、という意味である。逆に、従欲惟危というのは、欲に従って行動すると危ない、という意味である。こういうことは、きちんと道徳を学ぶことによって身に着く。外代樹を除いて、お前たちは学生だから、一生懸命に勉強をして、人や社会の役に立つ事を考えるように」

と訓話を締めくくった。

「お父さん、今年も素晴らしい訓話をありがとうございました。私も母親になりますので今の教えを大事にして生きていきます」

と素直に答えた。吉太郎は続けて、

「来月からチンチン電車が走るのだよ」

「えっ？　どこを走るのですか」と聞いた。

「駅前から橋場町を通って兼六園下までだ。金沢もこれから便利になっていくよ」

「そうですか。生まれてくる赤ちゃんと同じ月だから忘れることはありませんね」、

「そういえばそうだ、お前が産まれた時も電話が開通した月だったから」

新しい出来事が重なることに不思議な運命を感じていた。外代樹にとっては新鮮な感じのお

正月だった。

二月に入って三日目の節分の日の朝、外代樹は急に産気づいた。

「お母さん、産まれそうです……」

母親の琴は慌てて産婆を手配した。外代樹の手を握り、

「案ずることはないよ。気を楽になさい」

間もなく産婆がやってきた。

産声がした。琴が声をかけた、

「よかったねえ、かわいい女の子だよ」

「お嬢さん、ご苦労さまでした」

と産婆もお祝いの言葉をかけた。外代樹も感無量だった。

全て片付けが終わってから吉太郎が呼ばれた。

「おお、かわいい赤ちゃんだ。ご苦労さんだった。疲れたろう、ゆっくり休むがいい。与一君にも直ぐ知らせてあげなきゃ」

と電報を打つことにした。吉太郎は続けて、

「節分の日に産まれるとは運のいい親子だ」

と独りで喜んでいた。

与一の兄、智證はさっそくお祝いに駆け付けた。

「外代樹さん、おめでとうございます。かわいいお嬢ちゃんですね」

「ありがとうございます。父が電報を打ってくれたので、今頃は与一さんも安心していると思います」

「そうですか、弟もきっと大喜びしているでしょう」、

「与一さんの提案で、最初の子を実家で産むことができて本当によかったです」

とお礼を言った。琴の実家や与一の実家からもお祝いが届けられた。生まれて四〜五日間は、赤ん坊のそばに行くことを禁じられていた妹たちはやっと面会を許された。

「かわいいわねえ、いい子だねえ」

と言って、ほっぺたを触っていた。

「お姉さん、名前は決まったの？」

「ええ、与一さんが、男の子だったら『晃夫』女の子だったら『正子』と決めてくれていたのよ」

「正子ちゃんか。いい名前をつけてもらったわね、正子ちゃん」

翌日の朝、母が「与一さんから電報が届いたよ」と渡してくれた。「ブジシュッサンゴクロウサン。ユックリセイヨウシテクダサイ」とあった。

「正子ちゃん、お父さんからお祝いの電報が届きましたよ」

と娘を名前で呼んだ。出産から十日後、親戚中が集って自宅でお祝いの会が開かれた。

その会で外代樹の父親・吉太郎から意外な提案があった。

「外代樹、生まれたばかりの赤ん坊をマラリヤなどの風土病が蔓延する台湾に連れて行くのはちょっと無理じゃないか。ある程度成長するまで金沢に残しておくのがいいと思うが、どうかね」

この言葉は、半分は初孫を手放すのが寂しい、じいちゃん・ばあちゃんの気持ちであり、後の半分は、本当に孫のことを心配してくれる祖父母としての心配事であった。そう言われて外代樹も一瞬不安になった。（おじいちゃんがおっしゃることも最もじゃないか、という気持ちになった）

「お父さん、正子を心配してくださってありがとうございます。二〜三日考える時間をください」というのが精いっぱいだった。

数日経ってから外代樹が口を開いた。

「よく考えてみましたが、お父さんのおっしゃる通りだと私も思います。大人の私ですら台湾の風土病は心配な点があります。そこに赤ちゃんを連れて帰るのは心配です。一歳のお誕生日が来るぐらいまで金沢にお願いしたいと思います」

吉太郎も母親の琴も、

「それがいい、それがいい。正子のことは、しばらくの間こっちにまかせなさい」

と上機嫌であった。喜んだのは祖父母ばかりではない。外代樹の妹たちも、

「正子ちゃん、よかったねえ。仲良くしようね」

と大喜びした。外代樹も医者の父親に預けることを決断した。こういう一幕があって外代樹

とお手伝いのミサオは大人二人連れで寂しく台湾へ帰って行った。

この話には後日談がある。赤ん坊の正子は一年どころか、尋常小学校六年生を終了するまで金沢で暮らすことになった。台湾の父母のところに戻ったのは台北第一高等女学校を受験するときだった。その後も正子は母親と気が合わない事があるたびに、「私金沢に帰る。」と言っては母親を困らせていた。（三女・浩子女史の談話）

夫がマラリヤ患者に

大正十一年（一九二二）を迎えた。外代樹が台湾に来てから五年目に入っていた。大正十年（一九二一）二月、ダム工事の組合本部が嘉義に完成したので、八田一家も台北からここに引っ越している。丁度このころ金沢で、お手伝いのミサオに結婚話が持ち上がっていた。

「おめでとうございます。今まで長い間、本当にお世話になりました。ミサオさんのお蔭で生活が成り立ったのです」

と外代樹は心から祝福した。

「こちらこそいろいろ教えていただいてありがとうございます。私も八田家を見習って新家庭を切り盛りしたいと思います。申し分のない花嫁修業をさせていただいて助かりました」

と笑顔いっぱいで金沢へ帰って行った。

嘉義はあくまでも仮住まいである。烏山頭ダムの工事現場に宿舎が完成したらそこへ引っ越すことになっていた。現場では工事関係者が住む宿舎の建設が急ピッチで進められていた。烏山頭ダムの場所は、嘉義と台南の中間に位置している山の中であった。八田一家も家族で暮らすことになっていたが、与一は外代樹たちを嘉義に残して単身赴任をしようと考えていた。

そのことを外代樹に話したところ、

「そんな危険な所にあなたを一人で行かせることはできません。家族単位じゃないと仕事はうまくいかない、とあなたはいつも言ってたではありませんか」

と強く反対した。

八田家でも、外代樹が荷物をまとめていた。

「さあ、これから新しいお家に引っ越しますよ。山や川があって、小魚や虫がいて、お花がいっぱい咲いているところよ」

と幼い晃夫に独り言をいいながらあやした。

引っ越しの日がやってきた。夫は、「よい天気で助かったね」とほっとした顔をした。荷物を積んだ車は烏山頭に向けて出発した。市街地を離れて行くに連れて人家もまばらになり、やがて全くなくなった。

大正八年に長女・正子が、大正九年には長男・晃夫が、そして大正十一年二月に二女・綾子が産まれ、外代樹は二十一歳で三人の母親になっていた。夫が現場責任者として陣頭指揮を執っている烏山頭ダムは、大正九年九月一日に着工していた。

ある日、あまりの忙しさに夫はとうとう倒れてしまった。外代樹はびっくりした。

「風土病に対しては、あんなに用心していたのに……」

大急ぎで医者に診てもらった。

「マラリヤです。しばらく安静にしてください。相当疲れています。少し回復してもすぐに仕事をさせてはいけません」

と釘を刺された。さすがに気丈な外代樹も、この時だけは心配でならなかった。子どもはまだ小さいし、万が一の時はどうしようか、といろいろな不安が頭をよぎった。とにかく一生懸命に看病するしかなかった。子どもを別の部屋に移して夫に近づけないようにした。与一は数日うなされ続けたが看病の甲斐があって少しずつ熱が引いていった。

ようやく目を覚ました与一は、

「心配かけてすまなかったね」

とささやいた。

「あなた大丈夫ですか」

「ああ、何とか落ち着いてきたようだよ。まだ頭がふらふらするが」

「よかった、本当によかった」

と、涙を流して夫の回復を喜んだ。この件には前兆がないわけではなかった。夫が少々熱っぽいような状態で仕事をしていたのを現場の人たちが心配していた。我慢にも限界を感じたのだろうか、その日は早めに帰宅していた。ちょうどその日に倒れてしまったのだ。

「あの時、お前の言う通りに家族全員でここに来てよかったよ。単身で来ていたら今頃どうなっていたかと思うとゾッとするよ」

と看病を労った。

夫は立場上長く休むことはできない。だが、

「今回だけは後一日だけゆっくり休んでくださいね。お医者様からもきつく言われていますので」

と懇願した。

「ああ、その通りにするよ。また倒れてみんなに迷惑をかけたくないからね」

と苦笑した。

ある日外代樹に、

「日本人の工事関係者の子弟を通わせるために小学校を建設することになったよ」

と話した。

「そうですか。学齢期のあるお子さんをお持ちの技師さんたちの奥さん方が大喜びになりますよ」

「そうなんだ。工事期間が長くなれば子どもの年齢も上がっていくからね。どうしても学校

が必要になってくるのだよ」

　こうして大正十一年（一九二二）四月、烏山頭に六甲尋常高等小学校は完成した。

「一つの町が出来ていくようですわね」

「学校だけではなく、病院も必要になるし、その他にも必要に応じていろいろな施設を増やしていく予定なんだ」

「みなさん、きっと喜んでくださると思いますわよ」

　外代樹も安心した。

　すっかり回復した夫は以前のような多忙な仕事を続けていた。現場も設計図通り順調に進行していた。ある日、山形局長に呼ばれた。

「ところで八田君、一度アメリカへ行って現地のダムを見てきてはどうか。君のことだから心配はしていないが、見ておくのも参考になると思う」

「ありがとうございます。工事は順調に進んでいますが、ダム建設先進国である米国の現場を見学出来れば、今採用している施工方法についての不安も消えると思います」

　その夜、夕食をとりながらアメリカ出張のことを外代樹に話した。

「近いうち、部下と共にアメリカへ視察に行くことになったよ」

「アメリカに？ですか。随分遠いのですね。いつごろお戻りになるのですか」

「半年くらいはかかると思う。船の移動だけで片道一か月程度はかかるからね。むこうでは正味四か月の滞在かな」

「あなたが現場を離れていても大丈夫なんですか」

「ああ、大丈夫だよ。僕の他にもしっかりした技術者が揃っているし、施工を担当してくれている大倉組土木も含めて実績のある土木会社が参加しているから、図面通りに工事を進めてくれているので安心だよ。今回は視察の他にもやることがあるんだ」

「どんなことなんですか」

「大型の建設スチームショベルを購入するんだよ。これからの土木工事は大型機械を使って進めないと工期の短縮につながらない。人力だけに頼っていたのでは頼りない。特に、今回のような大型ダムを造る場合はね」

外代樹は工事のことはさっぱり分からないが、今まで誰もやったことのない方法で工事を完成させようとしていることだけは理解していた。

「しばらく留守にするけど、家の事よろしく頼むよ」

そう言うと、まだ、よちよち歩きも出来ない二女・綾子を高々と抱き上げて頬ずりをした。

「家のことは大丈夫ですから、どうぞお気をつけて」

「時々手紙を書くよ」

夫は部下二人を帯同してアメリカ、カナダ、メキシコの視察のために旅立った。

与一は、予定通り半年間の出張を終えて帰国した。

「長期間のご出張ご苦労様でした」

「子どもたちは元気かな」

「ええ、晃夫も綾子も元気で大きくなりましたよ」

「そうか、それはよかった。これ、子どもたちとあんたへのお土産だよ」

と言って外代樹に渡した。

「私にまですみません」

と子どものように喜んだ。

「アメリカでのお仕事はどうでした」

「うん、やはりアメリカに行ってよかったよ。施工方法についても向こうの技術者と激しい議論があったよ。だがお蔭で不安はなくなった。予定通り工事を進めていくだけだ。スチームショベルも買ったし、土砂運搬用機関車も購入したよ。これで大きく工事が捗る」

夫の顔は自信に満ちていた。

「そうそう、総督府に内地から連絡が入っていたそうだよ。どんなことだと思う?」

「さあ。ちょっと見当がつきませんが、私たちが知っていることですか?」

「ああ、我々が知らなかったらバチが当たることだよ」

と夫は意味ありげに笑った。

「実は、加賀のお殿様が工事現場の視察に来られるそうだ」

前田利為侯爵（右から４人目）に工事の様子を説明する八田与一技師（右から３人目）

「まあ、金沢のお殿様が？」

「まさかと驚いたが、大変光栄なことだよ」

ご来台のきっかけは、加賀出身の技師が、台湾で大きなダム工事の責任者として働いているというニュースがお殿様の耳に入って、

「一度は顔を出さねばなるまい」

との一言で視察日程が組まれたそうだ。

予定通り大正十一年（一九二二）十一月五日、前田家十六代当主・前田利為公がダム工事の現場視察に来られた。与一は、烏山頭ダム建設現場全体を見渡せる場所で、工事の進捗状況及び工事概略をご説明申し上げた。緊張の一日が終わり、家に戻った与一は、

「今日はお殿様から直々に労いのお言葉を賜ってね。八田家の名誉だよ」

と、外代樹に嬉しそうに話した。

与一ばかりではない。外代樹も高等女学校

を卒業した時、優等生に対して贈られる銀時計を同じ前田侯爵から拝領しているので、夫婦共通の名誉でもあった。

烏山嶺導水路トンネル工事現場の大事故

大正十一年（一九二二）十二月、烏山嶺導水路トンネル工事現場で大事故が起きた。トンネル工事掘削中に石油ガスが噴出し、それにカンテラの火が引火し大爆発が起こったのである。この事故で50人以上の工夫が命を落とした。与一たち責任者は現場事務所に泊まり込んで事故対策に没頭した。

憔悴しきった夫の顔を見た外代樹は絶句した。

「大変なことになりましたわね」

「本当に参ったよ。明日からは亡くなった人や怪我をした人の家を訪問して謝罪しなくてはならない」

夫の悲痛な気持ちが伝わってきた。総督府でも責任を追及する動議が上がっていた。中には工事中止を求める議題も上がっていた。

外代樹は夫の仕事について今回だけは口出しをした。

「あなた、今回の爆発事故では大変なご心痛ですが、せっかく地元の農民のためにここまで進めてきた事業を止めてしまったら、それこそ亡くなられた人たちは浮かばれないでしょう」

外代樹にそんなことを初めて言われた与一は頷いた。

「そうだったなあ、周りからは厳しい声が耳に入るが、嘉南平野の農民のためにもここで諦めてはならないなあ」

と外代樹の顔を覗いた。亡くなった作業員の家族からも、

「せっかくここまで進んできたのだから、最後まできちんとダムを仕上げてほしい。それが犠牲者に対する一番の供養です」

と反対に慰められた。作業員の殉職という尊い苦難を乗り越え、大正十二年を迎えた。やっと事故処理を終えてトンネル工事は再開された。

二女・綾子の元気な泣き声が夫婦の心を和ませてくれた。いつもの調子を取り戻した夫を目の前にして、外代樹の心もようやく落ち着いた。「こんな時こそ夫を支えなくては」と、妻の役割の重さを再認識した。（こんな大事故の後である、工事関係者のほかの奥さんたちも、私と同じように心を痛めておられるのではないだろうか）仕事を終えて帰宅した夫に相談してみた。

「今度、同じ宿舎に住む奥さんたちを集めて、気分転換になることをやってみたいと思っているのですが、どうでしょうか。」

「そうか。それは結構なことだ。どんなことをやるつもりだね」

「私は少しばかりお琴をたしなみますので、家に招いてお琴教室からはじめたいと思ってい

ますが」

「それはいい構想じゃないか。他にもよいアイディアはないかねえ」

「唱歌を歌う会、お裁縫教室、踊りの会なんかはいかがでしょう」

「それはいいなあ、男にも楽しめるものを作りたいねえ」

外代樹の一言から烏山頭ダムでの娯楽施設「テニスコート・映画会・囲碁・将棋・麻雀・玉突き、そして購買部」など、女も男も楽しめる娯楽が揃った。与一は技師仲間に、当時は高価なミシンを買わせて八家族で洋裁教室も始めた。続いて料理の専門家を招いて料理教室もスタートさせた。（五女・玲子女史の憶い出話）

こうして技師の奥さんたちの会が始まり、家族の心も生活にも余裕ができた。（与一の烏山頭ダム工事の詳細は『台湾を愛した日本人』古川勝三著を参照）

大正十二年（一九二三）九月一日、烏山頭ダム工事着工から丁度三年目のことだった。この日、関東大震災が発生し、首都・東京は壊滅的な打撃を受けた。復興には莫大な資金が必要になる。その影響は台湾にも及んで烏山頭ダムの工事費も削減された。

与一は「予算が付くようになったら直ぐに戻ってきてもらうから」と、解雇した全員に涙ながらに頭を下げた。連日技術者の就職先探しに奔走した。そんな話は現場で働く台湾人の間にも次第に広まった。

「八田所長は大した人だなあ、普通なら真っ先に現地の俺たちの首を切るのに、優秀な内地人を辞めさせたんだからなあ」

これがキッカケで、台湾人作業員の間にも今まで以上に与一に信頼を抱く人が増えていった。

米国出張の折に、発注していた重機（スチームショベル・大型五台、小型二台、エアダンプカー貨車一〇〇両、スプレッターカー一台、ドイツ製五六トン機関車一二両など）が続々と現場に到着した。

第四章

台湾の烏山頭ダムと東京の村山貯水池の比較

村山貯水池と烏山頭ダムの両ダムは、着工時期と築堤形式が殆ど同様なので参考になる。

Ａ：村山貯水池は、着工・大正五年（一九一六）、完成・昭和二年（一九二七）。

Ｂ：烏山頭ダムは、着工・大正九年（一九二〇）、完成・昭和五年（一九三〇）。

両ダム共、川を堰き止めて造るダムではなく、川のない所に大堰堤を築いて、水は遠くの川から導水路で運んで貯水する仕組みである。こうすれば、大雨や洪水で土砂がダムに堆積する弊害を免れる。

村山貯水池は多摩川から、烏山頭ダムは曾文渓から３０００ｍの巨大なトンネルを掘って導水している。

村山貯水池工事の話

明治五年（一八七二）、イギリスから輸入して新橋〜横浜間に鉄道が開通しました。産業革命の象徴的なものである。それ以後、日本各地で競って鉄道工事が行われた。その鉄道線路を真似て、おもちゃのような小さいレールが造られた。それがトロッコの始まりである。

芥川賞で有名な芥川竜之介の大正九年（一九二〇）の作品に「トロッコ」がある。その書き出しの部分を引用する。

小田原熱海間に、軽便鉄道敷設の工事が始まったのは、良平の八つの年だった。良平は毎日村外れへ、その工事を見に行った。工事をいちいちといったところが、唯トロッコで土を運搬するいちいちそれが面白さに見に行ったのである。トロッコの上には土工が二人、土を積んだ後ろに佇んでいる。トロッコは山を下るのだから、人手を借りずに走って来る。煽るように車台が動いたり、土工の袢天の裾がひらついたり、細い線路がしなったりいちいち良平はそんなけしきを眺めながら、土工になりたいと思う事がある。せめては一度でも土工といっしょに、トロッコへ乗りたいと思う事もある。トロッコは村外れの平地へ来ると、自然と其処に止まってしまう。と同時に土工たちは、身軽にトロッコを飛び降りるが早いか、その線路の終点へ車の土をぶちまける。それから今度はトロッコを押し押し、もと来た山の方へ登り始める。良平はその時乗れないまでも、押す事さえ出来たらと思うのである。

明治・大正・昭和初期の鉄道線路工事、道路工事、ダム工事、トンネル工事などの道具は、江戸時代からのツルハシとシャベルとモッコとタコつき（ヨイトマケ）の人力だけで、近代的道具と言えば唯一トロッコだった。

東京の市民のための水瓶である村山貯水池は、大正五年（一九一六）から昭和二年（一九二七）にかけて造成された。その作業の様子を書いた「古老が語る工事の記録」という資料が残っている。大変興味深いので次に紹介する。

「村山貯水池の工事にはほとんど機動力はなかった。『なにしろあの大きな堰堤をツルッパシとシャベルで築きあげたんだからね。』とは、当時をよく知る人の言葉である。機械といえば資材を運ぶ機関車と、これも蒸気の力でガタガタと動くローラーと、巻き上げのウインチぐらいであった。そこで『まるでアリマチ（蟻の町＝人海戦術ともいう）みたいだった』、と表現されるほど多くの人力を必要としたのである」（略）以下は、古老たちの語られた工事に関する記録である。

■人夫出しのこと

工事が始まると、地元はもちろんのこと、付近からも作業員として働きに出た。弁当持ちで朝早く出かけても、仕事にあぶれることがあった。それを「バイキ」と言った。（略）

■タコつき（地方によっては「ヨイトマケ」ともいう）

堰堤の基部の粘土や、ローラーのまわれない所を固めるのは、主にタコつきであった。一尺立方に土を切り取って検査をしてみたら、タコでついた土のほうがローラーで固めた土より重かった。そこで水に浸かる基部は特に念入りにタコつきが行われた。タコつきをするのは「女衆」が多く、中に音頭取りの男が一人、二人混じっていた。（中略）玉はどちらも石臼に似たコンクリート製の平たい円柱で、側面に六個とか八個（十二個、十六個のものもある）の鐶《わ》を埋め込んである。鐶から鎖がつながって、それに五尺（150センチ）位の麻紐をつけ、紐の先に木製の撞木がついていた。この撞木を手がかりに、つかんで引くである。それぞれ六人用、八人用があった。（後略）

■ むしろしき

「むしろしき」というのは堰堤を築き上げる時、トロッコで運んだ土をローラーでならすのに、土の上にムシロを敷く仕事である。これは小学生も今で言えばアルバイトに出た。（中略）ローラーが通るとすぐはがして竹の棒にかけ、二人で担いで移動して次の場所に敷く。この仕事は女の人もやった。

■ 馬ドロの話

発掘の時、水の抜けきらない下貯水池（村山貯水池）の水際に近く宅部の川南に抗のようなものが続いていた。これは貯水池建設の時、軽便鉄道が走った道であった。（中略）大正九年（一九二〇）に機関車が走るまでは「馬ドロ」といって、馬がトロッコを引いていた。

■ 大運搬

トロッコで土を運ぶ作業で、土砂場より堰堤現場までの距離により一台あたりの賃金が決められていた。大体一台十二〜十三銭程度で、一日に十五〜十八回運んでいた。トロッコ一台には土一合（六尺立方の十分の一）が積まれ、一つの線に十数台がつらなり、先頭のトロッコを「ハナトロ」、最後尾を「シリトロ」と称した。（資料・多摩湖の歴史より）

トロッコの種類は千差万別で、土の容量は５００〜１０００kgぐらい。ほとんど木製で、共通点は小さな車輪が付いていることである。

村山貯水池の水は、水道水として東京都西部地区へ給水されている。東京の人口が急速に増えたので、村山貯水池の上方に狭山湖（山口湖と呼ぶ）が造成された。堤防の長さ、堤防の高さ共、村山貯水池とそっくりである。

村山貯水池と烏山頭ダムの大きさの比較

	Ａ：村山貯水池	Ｂ：烏山頭ダム
堤防の長さ	５８７ｍ	１２７３ｍ（Ａの約２・２倍）
底幅	１８２ｍ	３０３ｍ（Ａの約１・７倍）
堰堤の高さ	３２・６ｍ	５６ｍ（Ａの約１・７倍）
貯水量	１１８４万㎥	１億５０００万トン
底部の面積	１０・７ha	３８・６ha（Ａの約３・６倍）

村山貯水池（多摩湖）

台湾の烏山頭ダム

村山貯水池の底部の面積は東京ドーム・グラウンド面積の8・2倍。烏山頭ダムは約30倍。（東京ドームのグラウンド面積は1・3ha）。堰堤に使用した良質な土は、烏山頭ダムが村山貯水池の六倍強。

堰堤を築く場合の最初の工事は、底部の部分の木を伐採することで、次に抜根と岩石の除去である。東京の高尾山（自然林）の例でいえば、一坪当たり（畳二枚分）直径15センチ前後の木が五本くらいある。

烏山頭は原生林なので大・中・小の木が無数に生えている。一坪に大・中が二本で計算すると、約二十三万本の木を伐採して約500m下方まで運搬しなければならない。また根っこは1・5～2mくらい掘り下げて抜根しなければならない。底部の基盤整備のためには、38・6haの土壌、石、岩を同じく500mくらい離れたところに移動させねばならない。2mの深さまで除去するとして、その量は1㎥のトロッコの七十七万台にも相当する。この膨大な量の作業を、蟻の数ほどの人力と、何百頭もの水牛の力とトロッコでやることになる。この作業を想像してみると、気の遠くなる話である。

この基盤整備が終わってから、本当の堰堤工事が始まる。その堰堤工事に使用する上質の土砂は、村山貯水池は近所に無数にある。しかし烏山頭ダムは20㎞も離れた大内庄という所から運ばなければならない。人間と水牛とトロッコの力では一往復するだけで日が暮れる。そこで八田与一技師は、人間や水牛やトロッコやツルハシやショベルに頼らないで、大型土木機械

烏山頭での写真、後列左から二人目が外代樹夫人。

(重機)を外国から輸入することを考えた。

実際に彼は、大正九年から昭和五年までの堰堤工事に、何十種類もの重機を導入した。日本の土木業者で外国の重機を使用したのは、昭和二十八年(一九五三)に着工した天竜川の佐久間ダム工事が最初である。八田技師は佐久間ダム工事の三十五年前に同じことをやっている。

第五章

世紀の烏山頭ダム完成

導水巨大トンネル貫通

昭和三年(一九二八)、秋。庭にはとんぼがたくさん飛んでいた。今頃は、内地も赤とんぼがいっぱい飛んでいるころね。外代樹は、飛んでいるとんぼを見て、生まれ故郷の金沢を思い出した。子どもたちはそんな母の後姿に気がついて、「お母さん、何を見ているの」と、声をかけた。「とんぼを見ていたら急にお母さんが子どもだった時のことを思い出したのよ。」と答えた。

烏山頭ダムは少しずつその雄大な姿を見せ始めていた。着工以来八年と九か月が経過した。着工間もない頃のトンネル爆発事故以来、安全には細心の注意を払いながらつつがなく工事は進んでいた。噴出した石油ガス爆発で五十人もの犠牲者を出した隧道も無事貫通し、一つの区切りがついた。

帰宅した夫も、「難関だった隧道がようやく貫通したよ」と大喜びだった。この工事がいかに大変だったかは、夫の喜びようを見ればわかった。現場でもその快挙を祝福し、犠牲者を慰霊する催しが行われた。

このころになると資金不足も解消していた。関東大震災で資金不足に陥った時、断腸の思いで現場を去ってもらった技術者も少しずつ戻りはじめていた。

「ようやく先が見えてきたかな。いろいろあったけど、何とかここまでこぎつけることがで

外代樹と５人の子どもたち（烏山頭）左から長男・晃夫、四女・嘉子、二男・扆雄、外代樹、三女・浩子、二女・綾子

きたよ」

と、与一は湯飲み茶わんを手にして外代樹に話かけた。

「それは何よりですわ。犠牲になられた多くの方々がお守りくださったおかげですわね」

と夫を労った。

「一瞬に五十人以上の犠牲者を出したことは、自分の一生で頭から消え去ることはないだろう」

と遠くを見つめるような目で語った。夫の白髪を見て、その苦労が外代樹にも伝わってきた。

長男の晃夫は六甲尋常高等小学校に通っていた。仕事一辺倒で、家庭のことなどゆっくり振り返る暇のない夫は、子どもが小学校へ上がる年齢になっていたことさえ忘れていたほどだった。子どもたちは豊かな自然の中でのびのびと育っていった。台北にいた時は背広もたまに着たが、ここ烏山頭に来てからは専ら地下足袋にゲートルを巻いて現場に出勤した。

昭和四年二月に入り、工事もようやく終盤に向かっていた。丁度そのころ、車に乗って夫が家に戻ってきた。

「ちょっと時間ができたから近くの赤山龍湖巌に息抜きに行こう」

と誘ってくれた。

「わかりました。すぐ着替えますから待っててください」

と奥の部屋に消えた。着替えを終えて戻ってきた外代樹を見て与一はビックリした。

「いつも着物なのに珍しいね、その服装」

外代樹はいつも着物姿で外出していたが、今回は洋服姿でスカートをはいていた。

「一体いつそんなお洒落な洋服を手に入れたの？」

「いつも着物姿ですからたまには気分を変えてみようと思いまして」

とはにかんだ。与一は妻の洋服姿を見たのはこの時が初めてだった。

「さあ乗って」

外代樹を乗せて車を走らせた。赤山龍湖巌は宿舎から車で数分のところにあった。

「ここへ来ると心が落ちつくなあ」

「私もそうですわね」

「所長、記念に写真を撮りませんか」

「いいねえ。この先も工事が順調に進むよう、祈念のために撮ってもらおう」

夫と外代樹の他に、夫の部下と車の運転手の四人で写真に納まった。夫も部下もゲートルを巻いていたが、運転手だけはきちんと蝶ネクタイをしていた。

「よい記念になったね」

現場もうまく進んでいるようで、夫はすこぶる上機嫌だった。（十里の道も九里を持って一里とす）ここまでくればあと少しだ。だが与一は決して気持ちを緩めなかった。

外代樹は夫が家にいる時は常に寛げるように心を配った。与一は時間があるときは書斎で専門書を読みふけっていた。

昭和四年（一九二九）同じ月の日曜日。「たまには体も休めなくては」と言って茶の間に座って外のテニスコートに目を向けているようだった。だが実際はテニスコートを見ていたのではなく、その先にある現場をながめていたのだろう。寝ても覚めても頭の中は現場のことだけだった。

外代樹は果物を持ってきた。「台湾のフルーツは本当に美味いなあ。」と味わっていた。そこへ晃夫がやってきた。

「晃夫、今度の土曜日に現場で送水工事の余水吐起工式記念写真を撮るからお前も来なさい」

「お父さん、本当に連れていってもらえるの？」

「お前はまだ幼いが、この巨大なダムが出来上がる様子を見せておきたいのだよ」

「あなた、子どもを連れて行っても大丈夫なんですか」

「ああ、大丈夫だよ。あんたも来なさい」

夫はこの時、息子も自分と同じ仕事に進んでくれたらいいなあ、と考えていたのかも知れないと外代樹は推測した。数日後出来上がった記念写真を見せてもらった。

「あら、晃夫、一番前に座らせてもらってよかったわね」

「うん、でも太陽がすごく眩しかったよ」

確かにみんな眩しそうな顔で写っていた。測量・設計期間を含めたら優に十二年はかかっている。ここまで数々の難工事を乗り切ってきた技師たちの満足そうな顔が揃っていた。そんな写真をみながら談笑していた時、外代樹は与一にそっとささやいた。

「あなた、七人目の子が秋には産まれそうですよ」

「そうか、また一人増えるのか。よかったなあ」

そういって夫は顔をくずした。

昭和四年十一月十二日、難工事であった烏山嶺の巨大導水トンネルが七年半の歳月をかけて完成した。（古川勝三『台湾を愛した日本人』創風社出版、に拠る）

さかのぼること七年前、トンネルを掘り始めていた時、たまたま石油ガスが噴出し、それにカンテラの火が引火して大爆発を起こし五十人もの犠牲者を出した。この大事故によって上層部から烏山頭ダムの工事中止が飛び出した。その難工事を克服してついに完成し、ただちに通水式が行われた。

その感激の水が烏山頭ダムの底辺に溜まった直後、小さなボートを担いできて大人二人と八田夫妻の三女・浩子嬢を乗せて湖面に浮かべた。八十五年前のその時の様子を昨日の出来事のごとく、浩子女史が事細かに筆者に話してくれた。

取材日［平成二十六年（二〇一四）六月十四日］。今で言えば幼稚園年中クラスの幼児が、その出来事を鮮明に記憶しているのは、工事関係者全員が堤防で「やったー、水が溜まったー、バンザーイ！」という歓喜に満ちた異常な興奮の雰囲気が、幼児の浩子嬢にも伝わったことが覗われる。（三女・浩子女史の憶い出話）

外代樹夫人

八田与一技師

八田晃夫（長男）

昭和五年（一九三〇）五月、十年の歳月をかけてようやく烏山頭ダムが完成した。時に外代樹二十九歳、与一四十四歳であった。竣工式には工事に携わった関係者とその家族、及び近隣の台湾人も含めて数千人規模の大祝賀会となった。

数日後に通水式が行われた。バルブが開けられると轟音とともに毎秒７０トンもの大量の水が水煙を上げて落下した。放水路のプールに落下した水は、総延長１万６０００キロメートルにもなる水路に流れていく。新青森駅から東京駅まで６７４・９㎞、東京駅から新大阪駅まで

515・4㎞、新大阪駅から博多駅（福岡）まで553・7㎞、博多駅から鹿児島中央駅まで256・8㎞。これを合計すると2000・8㎞になる。青森から鹿児島までの距離の八倍もの長さになる。堰堤の全長1273m、堰堤の高さ56m、底幅303m、ダム満水面積13㎢の威容を誇った。

現地台湾・嘉南の農民にとって待ちに待った貴重な水が15万ヘクタール（この広さは東京都23区の約二・五倍）の農地を潤した。これで、遠くの川から牛車で水を運ばなくてもよくなった。「ありがたや、ありがたや」と農民たちはダムの方角に向かって合掌した。

慰霊碑建立

与一にはやらなければならない仕事が一つ残っていた。工事期間中に殉職した人たちの慰霊塔を造ることだった。完成した慰霊碑には台湾人、日本人の区別なく、亡くなった順に名前が刻まれた。その数は実に134名だった。本来なら一緒に竣工式に立ち会えるはずの人たちである。この東洋一のダムに水が満水になる光景を一緒に見られなかったことが残念でならなかった。

与一の元には昭和五年一月、「台湾総督府内務局土木科勤務を命ず」の内命を受けていた。当時、与一技師には「烏山頭ダム建設の大業が終わったから、次は是非、電力会社の社長に就任してくれ」という要請があった。しかし与一技師は、「社長業よりも現地の技師として一生を全うしたい」という思いが強かった。（五女・玲子女史の憶い出話）

同年八月、台北に戻る日がやってきた。発車の汽笛が鳴った。汽車がゆっくりと動き出した。泣きながら汽車を追いかけてくる見送りの人も多かった。外代樹たちも見えなくなるまで手を振り続けていた。

今朝の機関庫では、八田所長一家を送る今日の機関車を誰が運転するかでもめていた。

殉工碑

「八田所長に一番最初に採用されたのは俺だ。今日だけは俺に運転させてくれないか」

と老機関士が頼んだ。だが運行管理の職員が、

「先輩、順番ですから予定通りの機関士を乗せようと思っています。他にも希望者が殺到していて始末に負えません」

すると或る機関士が、

「一番長く機関士を務めてこられ

たのだから、先輩に花道を譲るのが当然じゃないか」

するとと別の機関士も口を挟んだ。

「みんな、よく聞いてくれ。機関庫ができた時、先輩は一番最初に砂利を運んだ機関士で今日を最後に引退されるのだ。格好の記念になるじゃないか」

これで決まった。

「みんな、ありがとう。お蔭で一生の想い出になるよ。俺の人生は烏山頭ダムの工事と共にあったようなもんだよ。最後を飾らせてもらってありがとう」

こうして八田与一技師とその家族を乗せた汽車は老機関士によって烏山頭駅から番子田駅（現・隆田駅）まで牽引されて行った。番子田駅から烏山頭まではダム工事専用の鉄道だった。

ダム完成直後から、工事に従事した日本人・台湾人の双方から、八田技師の銅像建立の話が持ち上がった。しかし八田は、

「このダムには、日本国政府と台湾総督府が大金（現在の金額に換算して約五千億円）を投資している。それに工事関係者は延べ人数およそ４５０万人に達する。自分はそのうちの一人にすぎない。銅像なんてとんでもない」

と固辞した。

そこでまた立案者から、

「きちんとした服装の立像ではなく、八田技師がいつもそうであったように、作業着姿でゲー

八田与一の座像

第五章　世紀の烏山頭ダム完成

トルを巻いて、烏山頭ダムを眺望できる地面に腰を下ろし、考え事をしておられる坐像ではどうですか」

と提案された。それを聞いた八田は、学生時代から魅せられていた彫刻家・ロダンの傑作「考える人」を想起した。作業着姿の坐像だったら、全従業員への「ご苦労様」の象徴としてダムの完成記念にふさわしいものではないか、と思い直して承諾した。

ロダンの「思索」と、八田技師の「人柄」と、立案者の「独創」が見えない糸で結ばれて、みんなに親しまれる現在の八田技師の坐像が実現したのである。

中国・福建省へ出張

八田一家が台北に戻った翌年の昭和六年七月十七日、六女・成子が生まれた。これで八田家は男の子二人、女の子六人の大家族になった。外代樹は家事の繁忙も、与一は仕事の疲れも、賑やかな子どもたちの声で吹っ飛んだ。庭が広かったので、与一はいろんな花を植えて楽しんでいた。庭はとても広く1000坪もあった。そこに与一技師は三軒長屋を建てた。ひとつは車夫（人力車）、ひとつは運転手（車）、ひとつは庭造り職人の部屋であった。

お花作りも本格的で、ダリヤ、グラジオラス、菊など多彩であった。肥料には牛糞を敷き込んでいた。あまりの見事さに、近隣の人たちはお花屋敷と呼んでいた。（五女・玲子女史の憶い出話）

外代樹夫人の洋装姿

外代樹は、夫が大きな仕事を終えたので少しは時間的余裕のある生活ができるかと期待していたが当てが外れた。今や与一は、台湾土木会きってのリーダー的存在になっていた。

昭和十年（一九三五）八月、中国・福建省の主席・陳儀から総督府を通じて与一の元へ灌漑計画調査依頼が届いた。

「今度の中国出張にはあんたも連れて行こうと思っているんだよ。今回の任務は慣れた仕事だから気分的には余裕があるからねえ」

「まあ、私も一緒に？、嬉しいわ」と無邪気に喜んだ。

出発の前日、与一は子どもたちに、

「お母さんを連れて中国大陸の福建省に行ってくるよ。みんなで仲良く留守番していなさい」

と話した。四歳になったばかりの六女・成

子が、

「私、チョコレートがほしい」

とおねだりをした。するとそれを聞いた上の子どもたちは大笑いした。

「出かける前に家族全員で写真を撮るからね」と続けた。

翌朝、みんなさっぱりした服装で庭に出てきた。すでに写真屋が三脚を立てて準備をして待っていた。

「お母さん、とってもきれい」と二女の綾子が声を出すと、

「そう?、ありがとう」

と着物姿の外代樹も笑った。

「あなたたち全員にお土産を買ってくるからね」

の一言に八人の子どもたちは、「やったー!」と歓声を上げた。

写真撮影が終わった時車が止まる音がした。

「おはようございます。八田技師、お迎えにあがりました」

「ご苦労様です。よろしくお願いします」

と外代樹も挨拶をした。

「じゃ、行ってくるよ」

車は基隆港に向けて走り去った。

二人は福建省に到着し、陳儀主席の待つ役所に出向いた。陳儀夫妻が出迎えた。

「多忙なところお越しいただいて有り難うございます」

「このたびのご招請を心から感謝申し上げます。細かいところまで調査して正確な計画書を提出できるよう心がけます」

「八田技師の業績はこちらでも高く評価されております。今回の要請をきっかけに今後も多大のご協力をお願いしたいと考えております」

「過大なご評価をいただきまして恐縮です。技術に国境はないというのが私の信念です。こちらこそよろしくお願いいたします」

と、このような会話が続いた。外代樹の和服姿を見た陳儀夫人は、日本の着物に大変興味を持たれた。陳儀主席は日本留学の経験があり、日本語は堪能であるが、この時は通訳を通して話を進められた。

その夜は歓迎の晩餐会が催された。陳儀夫人のチャイナドレス姿を見た外代樹は、「素敵な衣装ですね」と見とれた。

ようやく灌漑施設計画の下見も終わり、帰国前日の夜、陳主席は、

「計画書が出来上がるのを楽しみに待っています」

と謝辞を述べた。

「図面を起こして、積算及び工事計画書の作成には時間を要します。その辺のことはご理解

ください」

と与一は答えた。陳儀夫人も、

「奥様、またいらしてください。再会を楽しみにしていますよ」

と挨拶をした。

こうして福建省での調査も無事終了し、与一夫妻はたくさんのお土産を抱えて台湾に戻ってきた。

「ただいまぁ、戻りましたよ～」

と外代樹は明るい声で玄関を開けた。子どもたちが全員玄関に集まってきた。一番小さい成子が、

「チョコレートは？」

「ちゃ～んと買って来ましたよ」

そのやり取りを聞いていた兄姉たちは一斉に笑った。外代樹が、

「みんなにお土産を買ってきましたよ」

と安心させた。子ども全員にお土産を配り、陳儀主席から贈られた珍しい大きな「布袋（ほてい）さん」を子どもたちに見せた。

昭和十年（一九三五）、台湾始政四十周年を迎えた。これを記念して「台湾博覧会」が十月十日から十一月二十八日まで開催されることになった。内地からも一道三府三十二県が出展した。

東京や大阪の主要都市も展示館を建てた。産業館・林業館・陶業館・日本歴史館・日本製鉄館・三井館などの民間企業も出展。パビリオンは直営十四館・特設館十八館・演芸館・映画館・海女《あま》館などのほか、満州館・朝鮮館・国防館・船舶館などで大規模になり、とても一か所にまとめることは不可能であった。そこで台北市の公会堂・台北市公園・台北市大稲埕・草山温泉地などの会場に分散して開催されることになった。台北市近郊以外からの来場者も多く見込まれることから、これに対応すべく鉄道の輸送計画が立てられた。

総予算に対する総督府の負担は全体の６０％にも達した。五十日間の開催期間中、来場者数は２７６万人で、一日平均に直すと５５２００人であった。その来場者の中には、福建省の幹部視察団一行の姿もあった。

八田家も一家総出で見学に行った。あまりの人出に五女・玲子は迷子になるというハプニングが起こった。（迷子になった当人の五女・玲子女史の憶い出話）

金沢の父危篤

翌昭和十一年（一九三六）十一月。まだ目も覚めやらぬ朝早く、玄関のドアをたたく音がした。

「八田さ〜ん、電報でーす」

外代樹はびっくりして飛び起きた。こんな時間に電報が届くというのはよい知らせであるはずがない。

「お早うございます、内地から電報です」

「ご苦労様でした」

そこには、

「チチキトク」とあった。

差出人は兄・貞知だった。兄は父の遺志を継いで医者になり、父吉太郎の病院を手伝っていた。

夫も電報の事が気になり起きてきて、

「誰からなの」

「父が危篤のようです」

「それは大ごとだ、すぐ準備をしなさい」

外代樹は崩れるようにその場に座り込んだ。夫も電文を読みなおし、

「辛い知らせだねえ」

与一は妻の父親を実父のように信頼していた。二人の結婚に反対していた周りの人たちを説得してくれたのは外代樹の父親だった。岳父のおかげで今の幸せな家庭がある。今直ぐ台湾を出発しても金沢の実家に着くのは、船と汽車を乗り継いで四〜五日先になる。当時は航空便がなかった。「何とか間に合いたい」と神仏に祈るばかりだった。

やがて子どもたちも起きてきた。子どもたちは今朝早く電報が届いたことを知らなかった。

目を真っ赤にはらした母を見て、驚いた長女の正子が、

「お母さん、どうしたの」

と聞いた。

「金沢のお父さんが危篤なの」

「おじいちゃんが？」

と正子は絶句した。生まれてから六年生まで親代わりに育ててもらったおじいちゃんが危篤とは信じられなかった。子どもたちは正子を除いて祖父の顔を見たことはなかった。外代樹は朝ごはんを食べる前に子どもたちに話そうと思っていた。

「そのことは私が言うよ」

と夫が話はじめた。

「今朝早く内地から電報が届いて、おじいちゃんが病気で大変だ、と知らせて来たんだよ。正子以外は会ったことはないけど、とっても優しい人だった。君たちが大きくなったら会う機会を作ろうと思っていたんだが残念でならない」

「みんな学校があるから、一番下の成子だけを連れて行くことにするわね」

と外代樹は子どもたちに言った。

この日の夕方四時三十分の船で神戸に向かった。翌日の朝食の後、成子を見つけた一人の若い船員が、

「よろしければお嬢ちゃんと遊んであげましょうか」

と親切に声をかけてくれた。

「ご親切にすみません。成子ちゃん、お兄ちゃんが一緒に遊びの相手をしてくれるって、よかったわね」

船員は倉庫から数々の子ども用の遊び道具を持ってきた。成子ははじめて目にする珍しい品物を喜んだ。船員は船が神戸港に着くまでの間、時間を見つけては毎日遊んでくれた。

「船員さん、ありがとうございました。父が危篤との知らせで内地に戻るところだったんです。気持ちが落ち込んでいましたので大変助かりました」

と深々と頭を下げた。

「それはお気の毒なことです。どうぞお気を落とさないで。お嬢ちゃんも元気でね」

礼儀正しい船員だった。

「お兄ちゃん、どうもありがとう」

と成子もペコリと頭を下げた。成子はこの時の様子を成人した後もよく覚えていた。

四日目の早朝、神戸に到着した。下船すると神戸の風は冷たかった。

これから冬に向かうのだから当たり前の話だった。成子はまだ五歳である。風邪を引かせたら大変なので一枚多く着せた。

タクシーで神戸駅へ向かった。

「成子ちゃん、すぐ汽車に乗れるといいわね」

時刻表を見たらタイミングよく神戸八時五十分発の急行・東京行きがあった。（何とかこの汽車に乗りたいわ）

「金沢まで二等を大人一枚と子ども一枚ください」

当時は五歳でも切符が必要だった。大人二等普通運賃は八円十八銭、子どもは四円九十銭、急行料金は大人が一円三十銭、子どもは六十五銭であった。切符を買えた安心感からか空腹を感じたので汽車の中で食べる駅弁を購入した。

米原到着は十一時三十四分の予定である。米原からは十二時三分発の急行青森行きに乗り換える。いつのまにか成子も目を覚まして初めて見る内地の景色に夢中になっていた。

米原に到着した。

「成子ちゃん、降りるわよ。お母さんにしっかりつかまっているのよ」

ホームでは威勢のよい駅弁売りの声が聞こえてきた。朝、駅弁を食べてから三時間も経っていなかった。昼食にはまだ早いが弁当を買っておき、午後二時頃にでも食べようと思った。（昔、ここでも夫が汽車弁当を買ってくれたっけ）懐かしさがよみがえり、当時と同じ井筒屋の駅弁を購入した。

青森行きの五〇一急行列車が入ってきた。

「成子ちゃん、この汽車に乗れば金沢のおじいちゃんの家に着きますよ」

「お母さん、私大丈夫。ぜんぜん疲れていないもん」

汽車は動きだした。外代樹は祈るような気持ちで（お父さん、どうか息をしていてね、もうすぐ着きますから）と心の中で祈った。十二時五十七分、敦賀に到着した。昼食を摂るにはちょうどいい時間だった。敦賀を発車するとトンネルが続いたことを思い出した。

「さあ、成子ちゃん、お弁当にしましょうね」

ここで食べなかったら、この先のトンネルの煤煙で食事どころではないので今のうちに食べることにした。

冬を迎える山々は夏とは違った風景を作り出していたが、外代樹は父の容体が気になってゆっくり景色を眺めている余裕はなかった。杉津からの日本海を見下ろせる景観もいつの間にか過ぎていた。普段と違った顔をしている母親を見ていた成子は、子どもながらに母を気遣っていつもより静かにしていた。トンネルを抜けた時、成子の顔に煤が付いていたことにも母は気がつかなかった。

午後四時一分、やっと金沢駅に到着した。駅にはすぐ下の妹の登志子が出迎えに来ていた。

「お姉さん、ここよ」

久しぶりに見る妹の顔はすっかり母親の琴そっくりだった。

「出迎えありがとう、お父さんはどうなの」

「せっかくお姉さんが台湾から駆けつけてくれたけどだめだったの。お葬式は外代樹姉さんが着いてからすることになっているのよ。お姉さんが間に合ってくれてお父さんも喜んでいると思うわ」

「死に目に会えなくて残念だったけど、お葬式に出られるだけでも帰ってきた甲斐があったわ」

二人の深刻な話を知らない五歳の成子は、何のことかわからなくてキョロキョロしていた。

「あなたが成子ちゃん？」

「成子、ご挨拶しなさい。お母さんの妹の登志子叔母さんですよ」

「こんにちは」

とおじぎをした。

「まあ、お利口さんね」

と登志子は頭を撫でた。実家に着いた外代樹は家族への挨拶もそこそこに仏壇に手を合わせた。

母の琴が、

「実は貞知からあんたに電報を打ってもらった翌日に逝ってしまったんだよ。外代樹が顔を出してくれただけでお父さんはきっと喜んでいると思うよ」

「そうだったの……」

覚悟していたとはいえ、父の最期を見届けることが出来なかったのが無念だった。一番下の妹の志津子が、

「お姉さん、遠いところからはるばるお疲れ様でした」

と母親に続いた。兄の貞知も、

「外代樹は元気でやっているかなあ〜と、お父さんは時々独り言を言ってたよ」

と口を添えた。仏壇の前にいた外代樹は気を取り直したように、

「この子が末娘の成子です」

とみんなに紹介した。

「あんたが成子ちゃんか、遠くからよく来てくれたね」

家族みんなで改めて成子と並んで仏壇にお線香をあげた。

登志子が、

「お姉さん、与一さんや子どもたちは元気なの？」

「ええ、みんな達者よ」

志津子も、

「久しぶりだから台湾のことも聞かせて」

とねだった。その晩は長旅と心労で疲れ過ぎていたので別の日にみんなで集まった時、ゆっくり話すことにした。

兄の貞知は、

「今思うと、お前の結婚話の時お袋は反対だったなあ。しかし親父の人を見る目はすごかっ

たと思うよ」と、しみじみと言った。

葬儀が済むと妹たちはそれぞれの家庭に戻った。実家は急にし～んとなり、母と兄の家族だけになった。外代樹も長居はできないので台湾に戻る日が近づいてきた。

「お母さん、いつまでも元気で長生きしてね。今度は大きくなった子どもたちを金沢に遊びによこしますからね」

「そうなったら嬉しいね、楽しみに待っているよ。佃煮をたくさん買っておいたから持って帰りなさい」

母の優しさに外代樹はほろりとした。仏壇の前で父と最後の別れをした。駅までは兄が車で送ってくれることになった。

「兄さん、忙しいのにすみません」

「いや気にすることはない、この時間帯は暇なんだ」

「子どもたちは変わりはないかい」

「ええ、お蔭様で。子どもたちもこれから順に進学していくので忙しくなりますわ。本当は私が母の面倒を見なくてはいけないんですけど、台湾に戻らなくてはならないので、兄さんすみませんがよろしくお願いします」

と懇願した。

「台湾は遠すぎるからなあ、会いたいと思っても簡単に会えないのが残念だよ。お父さんもそんなことをよく言ってたもんだ」

後に兄の貞知は金沢市医師会の会長、石川県医師会の副会長を務めた。

金沢駅に着いたら思いがけなく妹たちも見送りに来ていた。兄が連絡をしてくれていたのだった。

「滅多に会えないのだから見送りもチャンスのうち」

と笑顔をみせた。

「今夜は大阪で一泊して、明日、神戸から船に乗って台湾へ帰ります」

「そうか、気を付けてな。成子ちゃんも元気でね」

「成子ちゃん、またいらっしゃいね」

妹たちも別れを惜しんだ。外代樹も結婚してすぐに台湾に向かった時の心細さとは違った寂しさを感じていた。

二人は、午後一時四十二分発の大阪行き列車に乗り込んだ。発車の汽笛が鳴った。

「お姉さん、お元気でね、さよなら～」

「あなたたちも元気でね、また必ず会いましょう、さよなら～」

兄や妹たちは姿が見えなくなるまで手を振ってくれた。外代樹も成子も窓から顔を出して手を振り続けた。

車内放送によれば杉津駅には四時二十分頃になる。十九年前のあの絶景の感動をもう一度味わいたい、と外代樹は願った。

「成子ちゃん、お菓子食べようか」

「うん、ほしい」

冷めたお茶を飲みながら、妹が持たせてくれた「蜜菓子」をおいしそうに食べ始めた。

外代樹は窓の外の絶景を探すのに夢中だった。線路沿いにある藁葺き屋根の集落に目をやると、お正月の餅つきに使う臼のようなものが見えた。ひょっとすると山には初雪が降っているかも知れない。

「成子ちゃん、うまく行けば雪が見られるわよ」

「雪ってなあに?」

「雪ってねえ、雨が白い綿のような粒になってお空から落ちてくるのよ。さわると冷たいの」

「あっ、成子ちゃん、見て。あれが雪よ」

よく見ると、そこには十二月三日に降った初雪が残っていた。成子が、

「台湾の雨とおじいちゃんの家の雨はちがうのねえ」

と子どもらしい声を上げて山の雪に見とれていた。

トンネルを抜けた途端、夢にまで見たあの絶景が目に飛び込んできた。そこには大正天皇が皇太子時代に絶賛された天然の美が健在であった。橙《だいだい》色の太陽が海に沈んでいく筆舌に尽くしがたい光景に瞬きもせずに見とれていた。他の乗客からも歓喜の声があちこちから上がった。

四時四十分、敦賀駅を発車した汽車は定刻の五時三十五分、米原駅に到着した。五時四十分に発車した汽車は一路大阪に向けて東海道線をひた走った。ここから大阪までは二時間くらいである。京都では以前食べたことがある「萩乃家」の駅弁を買って食べた。

翌朝、旅館で朝食を食べて大阪駅へ向かった。神戸駅には九時三十分で神戸港には十時頃到着した。

二人は蓬莱丸の二等船室に落ち着いた。翌日の早朝、門司港に入港して昼には基隆に向けて出航した。日本が統治していた時代に台湾で生まれ育った内地人のことは「湾生」と呼ばれるようになった。外代樹は海を眺めながら「自分の子どもたちも湾生なのね」と呟いた。

十二月十日午後一時、船は台湾・基隆港に着いた。港には夫が迎えに来てくれていた。

青年の訪問

昭和九年（一九三四）、江原栄太郎は東北帝国大学に在学中であった。父は江原節郎といって台湾で太田組という土木施工会社を経営していた。

台湾総督府では明治三十一年（一八九八）、第四代総督・児玉源太郎がスタートした時、民生長官は後藤新平であった。後藤新平は医者でもあった。後藤は、先ず下水道や上水道の整備計画を立てた。そしてアヘンの撲滅に向けた政策も作った。経済面でもサトウキビの精製などを

八田家が全員揃った幸せな時期の写真
後列左から二男・康雄、長男・晃夫，長女・正子、三女・浩子、四女・嘉子、前列左から二女・綾子、五女・玲子、与一、六女・成子、外代樹

計画的に進めた。特に財政面ではサトウキビを収益の柱と考えていたので、明治三十四年（一九〇一）五月、『武士道』の著者であり、クラーク博士が創設した札幌農学校で新農法を学んだ「農学博士・法学博士」の新渡戸稲造を説得して招聘した。

台湾にやってきた新渡戸は、台湾の農業の中心は砂糖だと確信したので、同年十二月六日、甘藷栽培の先進国へ視察に行った。帰台と同時に「糖業改良意見書」を総督府に提出した。これを見た児玉総督は新渡戸を呼んでいろいろ質問した。

総督の質問は仔細に渡るものだったが新渡戸は自信を持って答えた。

「君、これで大丈夫か」

「はい、いけると思えばこそ書いたのです」

しばらく部屋の中を歩き回っていた総督は、

「君、これでやろう」

この力強い一言で新渡戸も発奮し、甘藷の品種改良と栽培法の改善に着手した。貧弱な幹だった台湾のサトウキビは見違えるほど逞しく成長した。

新渡戸は台湾の仕事と同時に、京都帝国大学教授、第一高等学校校長（現東京大学教養学部部長）も勤めた。その間、度々台湾へ渡って糖業の発展に尽くした。その努力は十年にも及んだ。その結果、台湾糖業は大きく発展し、十一年目には砂糖生産量が六倍にも達した。新渡戸は現在も五千円札の肖像画として歴史的人物となっている。

クラーク博士は、銅像と「Boys be ambitious（少年よ、大志を抱け）」の名言を遺している。石川啄木の明治四十年九月、札幌でつくった短歌に「アカシヤの 街樾《なみき》にポプラに 秋の風吹くが悲しと 日記に残れり」がある。このアカシヤとポプラもクラーク博士ゆかりのものである。

児玉源太郎は台湾総督を八年二か月、その後日露戦争の総参謀長を勤めた。今は湘南海岸の江の島の頂上にある児玉神社に神として祀られている。

後藤新平は、台湾総督府・民政長官を八年八か月勤めた。その後、大正十二年九月一日に発生した関東大震災の直後に組閣された、第二次山本内閣の内務大臣兼帝都復興院総裁として震災復興計画を立案した。同年四月二十七日までは東京市長であった。

明治四十三年、東京帝大土木科を卒業した一人の青年が台湾総督府土木局技手として台湾にやってきた。この青年が八田与一だった。やがて台湾土木界の重鎮として活躍していく。

台湾には同じく土木大手の大倉組土木（現・大成建設）が総督府発注の大きな工事を受注して実績を積み上げていた。太田組と大倉組土木はお互いによきライバルであった。たまたま大倉組土木の台北支店長・藤江醇三郎が八田与一と同郷ということもあり、そして太田組の社長・江原節郎も総督府の先輩だったことから、三人の紳士的な付き合いが始まった。

ある日のこと、太田組社長の江原節郎は受注した工事が完成し、総督府に完工証明書と使用許可証の交付を願い出たが中々出してもらえなくて困っていた。証明書を発行してもらえなければ工事代金の回収も出来ない。自分は体調が悪いから東北帝国大学に在籍している息子の栄太郎を呼んで身代わりに交渉をまかせることにした。

節郎が考えたことは、親しい間柄の八田与一技師に助言を求めることだった。父の意を受けた栄太郎は言われた通りに八田技師を訪ねることにした。

「こ・ん・ば・ん・は」

「はい、どちら様ですか？」

奥から着物を着た気品のある女性が出てきた。

「江原節郎の息子で栄太郎と申します。八田技師は御在宅でしょうか」

女性は上品な笑顔で、

「ちょっとお待ちになってくださいね」

と言い残して奥の部屋に消えた。しばらくして戻ってくると書斎に通してくれた。

「ここでお待ち下さいね、八田は直ぐ参りますから」

そこへ八田技師が入ってきた。栄太郎は畏まっていた。

「はじめまして、江原節郎の息子で栄太郎と申します。今日は父から用事を預かって参りました」

自分がお邪魔した経緯を話しはじめた。話を聞き終わった八田は、

「君の父上の病気は直ぐに治るよ、あまり考え過ぎないようにしてください」

それに対して栄太郎は、

「はあ、そうですか。わかりました」

と答えるのが精いっぱいだった。二言、三言、言葉を交わしただけで、時間にしたら数分だった。お茶はごちそうになったが、お菓子には手が付かなかった。用事が終わると玄関まで見送ってくれた。こんな書生の自分にも八田技師はきちんと対応してくれたので、父と技師との信頼関係の深さを感じた。家に戻った栄太郎から報告を聞いた父は、

「そうか、そうか、ご苦労だった」

と、ほっとした顔をした。父は寡黙な人物で余計なことは言わない人だった。

八田技師の尽力で元気になった父を見届けた栄太郎は安心して仙台の大学に帰った。しばらくすると父から連絡があり、全ての工事の完工証明書と使用許可証が降りたことを知らせてきた。時を同じくして父の病気も治ったとのことだった。

翌、昭和十年（一九三五）、東北帝国大学を卒業した栄太郎は、東京に本社のある浅野セメントに就職した。一九三七年、支那事変が勃発する。栄太郎は、占領間もない中国大陸の北京や広東に長期の海外出張をした。

出張が終わって東京に戻ったら、帰国を待っていたかのように栄太郎の元に赤紙（召集令状）が届いた。栄太郎は河南省で三年間の軍務に従事した。昭和十六年（一九四一）秋に満期になり東京に戻ったところ、同年十二月八日、大東亜戦争が勃発する。

父・節郎は、一時は体調を崩して床に臥せっていたが、その後回復して事業に専念していたものの、次第に体が弱ってきた。父の体を心配した栄太郎は、勤務地を父の住む台湾の高雄工場への転勤を上司に願い出て了承され、翌昭和十七年（一九四二）三月から現地の単身寮で生活を始めた。

二女・綾子の結婚

高雄での栄太郎の寮生活が始まって一か月が過ぎた頃、大倉組土木台北支店長の藤江醇三郎が縁談を持ってきてくれた。藤江は江原・八田両家の共通の友人であった。

「栄太郎君、そろそろ所帯を持ってはどうか。今が適齢期だろう」

写真を見せてもらったところ、実に眩しいくらいの美女であった。

「随分きれいなお嬢さんですね」

と栄太郎が第一印象を口にすると藤江は、

「どうだい、このお嬢さんに心当たりはないかな？」

と言葉を重ねた。

「全く見当がつきませんが」

と正直に言うと、

「実は綾子さんと言って、八田技師の二番目のお嬢さんなのだよ」

栄太郎は一度父の使いで八田家を訪問したことがあったが、そのことさえすっかり忘れていた。ましてやお嬢さんがいらっしゃるなんて想像もつかなかった。

藤江は、

「栄太郎君、どうだい、この縁談を進めてもいいかな……」

藤江の声で我に返った栄太郎は、

「はあ、よろしくお願いします」

と夢心地で返事をした。まとめるにあたって、藤江はこの縁談を前もって栄太郎の両親や八田家の内諾を得ていた。八田家にこの縁談話が持ち込まれたとき、昔、父の使いでやってきた栄太郎のことを八田夫妻はよく覚えていた。改めて栄太郎の経歴を藤江から聞いた八田夫妻はこの縁談を快諾した。こうして栄太郎と綾子の婚前交際は順調に進んだ。

八田家八番目の子どもの成子はこの時十一歳だった。まだまだ甘えん坊だった末っ子の成子は、綾子が栄太郎に会いに行くときはよく連れて行ってもらった。当然、栄太郎もそれを歓迎した。成子は二人に挟まれて歩くことが楽しかった。

「成子ちゃん、今日は美味しいものを食べに行こうか」

と栄太郎が言うと、

「お兄ちゃん、ありがとう」

と喜んでごちそうになった。

二人と一緒なら安心だと母・外代樹も成子の外出を許可した。

結婚式の日取りも決まり、親族に宛てて結婚報告状を発送した。娘の結婚式が近づくと、外代樹は綾子に大切なあるものを渡した。それは「花嫁のれん」だった。金沢の妹に頼んでおいたものが三日前にようやく届いた。二十五年前の自分の結婚式の当時と比べると絵柄も随分お洒落になっていた。

「これは私が結婚して直ぐ台湾に渡る時に母が持たせてくれたものなのよ。今度はあなたが受け継いでちょうだいね」

結婚は本人たちだけの結びつきだけでなく、家と家との結びつきである。長女・正子の結婚式の時も、嫁ぎ先で仏壇に挨拶をする時に「花嫁のれん」をくぐった。こうして母から娘へと伝統は受け継がれていった。

昭和十七年（一九四二）四月、時局がら台湾神社にて仲人と新郎新婦の両親のみで挙式を上げた。戦時下という時勢だけに派手な結婚式はできなかったが、それでも披露宴には両家にゆかりのある関係者が大勢集まり、二人の結婚を祝福してくれた。外代樹は、「父の代理で来ました」と、あの時の純情な青年が娘の夫に決まったことに縁の深さをかみしめていた。

栄太郎は綾子と並び、義父・与一と義母・外代樹に緊張の面持ちで挨拶をした。

「はじめてお会いしてから約八年になりますが、今度はこのような形で最高のご縁をいただいたことを心から感謝します。今後もご指導をよろしくお願いいたします」

与一は言葉少なに、

「栄太郎君、綾子をよろしく頼むよ」

外代樹も、

「娘には厳しく躾をしたつもりです、よい家庭を築いてくださいね」

と綾子の背中を優しく撫でた。母として、嫁いでいく娘への愛情の表現だった。綾子もそんな母の心情に心を打たれて目頭に手をやった。

二人は、栄太郎の勤め先の高雄で暮らすことになった。与一は官服を、外代樹は家紋入りの

外代樹夫人と長男・晃夫

第五章　世紀の烏山頭ダム完成

着物姿で写真に納まった。外代樹は四十一歳、与一は五十六歳になっていた。

　長女の正子は昭和十二年十月に結婚して二児の母となり、東京に住んでいた。正子は子宝に恵まれ幸せに暮らしていた。与一は孫の顔を見たくて内地への出張を楽しみにしていた。

　長男の晃夫は人も羨む第一高等学校を経て、与一の母校である東京帝国大学工学部に在籍している。二女の綾子も理想的な伴侶に恵まれた。他の子どもたちもそれぞれまっすぐに成長している。与一・外代樹夫妻は幸せな家庭生活の絶頂期にあった。

第六章

大洋丸の悲劇

フィリピンの綿作栽培の現地調査命令

娘の結婚式から半月後、八田夫妻は息抜きのために近くの観光地に一泊旅行に出かけた。場所は淡水という風光明美なところである。外代樹はいつものように着物姿で出かけた。二人だけで出かけるのは金沢で結婚旅行をした時と、中国・福建省からの依頼で現地視察へ行った時だけだった。

「台湾島内で二人だけで出掛けるのは初めてではないだろうか」

と与一が言うと、

「そうかも知れませんわね。あなたのお仕事が忙しくて、お時間を取ることは難しかったですものね」

とほほ笑んだ。

海岸に着くと、外代樹は波打ち際まで近づいて行った。そして腰を落として手を海水につけ、静かに海の彼方を見つめていた。与一は妻の後姿を一枚撮った。

「気持ちいいかい」

「ええ、とってもいい気持ちよ。あなたもこちらにきませんか」

外代樹は童心に戻って海水と遊んでいた。二人はしばしの間昔話をした。

夫与一と淡水へ旅行、昭和17年4月

与一は、

「お見合い結婚すると、いきなりここに連れて来て随分と苦労をかけて悪かったね」

「いいえ、とても楽しかったですわ。最初は大きな冒険でしたが、八人の子宝に恵まれて、大変幸せでした」

「本当に良い子どもたちに恵まれたと思うよ。仕事で疲れて帰ってきても、子どもたちの笑い声を聞くと本当に救われたよ」

としみじみ言った。

「この次はどの子が嫁いでいくのでしょうね」

と、二人は幸せな人生を送っていることを噛みしめていた。

与一が、

「今夜は北投温泉に泊まろうよ。あそこの温泉はとても体にいいらしいから」

「そんなに良い温泉が近くにあるとは知りませんでしたわ」

「北投石という石にラジウムが含まれているそうで、湯治場として人気のある温泉だよ」

大正十二年（一九二三）には昭和天皇が皇太子時代に訪問されている。湯煙に混じる硫黄の強い臭いは、否が応でもここは温泉地であるということを教えてくれた。その晩、二人はゆっくり湯船に浸かりながら楽しい会話を続けた。


翌日旅行から戻った丁度そのころだった。

昭和十七年四月某日、総督府は陸軍省からの入電内容を確認していた。そこには、「綿作その他農業の基礎たる水利計画樹立はフィリピン島の現況に徴し緊急を要するので八田与一技師ほか数名の水利技術者の派遣を要請する」とあった。

今回の戦争は資源確保戦争であり、戦争の継続に備えるためには、どうしても南方の資源が必要だった。そのため陸軍省、海軍省、拓務省、商工省、農林省、外務省などが日本全国から広範囲にわたって民間人を含め要員の人選を行っていた。各企業も政府の要請に従って第一級の人材を送る準備を進めていた。台湾総督府からの指示を受けた与一は信頼厚い部下の中から次の三人を選んだ。

市川松太郎三十三歳、宮地末彦三十五歳、湯本政夫四十二歳である。

大洋丸遭難

昭和十七年（一九四二）五月五日午後二時、軍人・軍関係者と経済戦士ら1350人を乗せた大洋丸は広島・宇品港を出港した。

翌六日早朝、大洋丸は燃料補給のため門司港に投錨した。同日夕刻、門司港を抜錨後、船団会議が行われる六連島沖へ移動、そこで錨を下ろした。

翌七日出港。午前八時三十分からの船団会議のあと、護衛艦・北京丸を先頭に六連島沖を出帆し、玄界灘、佐世保、五島列島を通って南方へ向かった。当時、佐世保には三大鎮守府の一つ、佐世保軍港（長崎県）があった。そこの軍艦三隻が護衛してくれた。

翌八日、午後五時頃になると、それまで護衛していた軍艦は佐世保へ引き返した。その日の夕方、夕食を摂った後だった。いきなり米潜水艦の魚雷攻撃を受けた。昭和十七年（一九四二）五月八日の二十時四十分、大洋丸は沈没した。その場所は長崎県五島列島の南方、福江島から70㎞の男女群島・北緯31度59分20秒、東経128度21分7秒（現・長崎県五島市）のそばであった。生存者の中に与一の名前はなかった。

一か月ほどが過ぎた頃、山口県萩市沖で一人の遺体が漁師の網に引っかかっているのが発見された。持ち物の名刺入れから奇跡的に与一とわかった。もし、ここで漁網に引っかからなかっ

東支那海にて
○○丸沈没
指揮官、船長壮烈な最期

敵潜艦撃沈確実
【陸海軍省発表】

大洋丸遭難を告げる「読売新聞」1942年5月15日付朝刊

たら、対馬海流に乗って故郷の金沢まで流されたであろう。大洋丸遭難の記録は、八田技師の部下・宮地末彦の「遭難の記」に詳しく記録されている。

六女・成子は五月八日の夜の不思議な出来事をよく憶えていた。

八田家の裏に住んでいる人が、「八田さんの家にドロボウらしき者が入った」と家を訪ねてきた。外代樹は部屋の中からは出なかったが、成子と五女・玲子は近所の人と一緒にドロボウの行方を探した。だがいくら探しても人影はみつからなかった。今まで家のカギをかけたことなどなかったのに、この夜だけは鍵をかけて寝た。

成子はその日の夜遅くに屋根の上を大きめの流れ星が飛んで行くのを見た。人

八田与一の葬儀

は死んだあと、昆虫や鳥など他の生き物になって我が家に帰ってくると言われている。まさに与一も流れ星になって別れを告げに家に帰ってきたのであろう。

　時は流れてこの事故から三十六年後の昭和五十三年三月、一通の封書が六女・成子に届いた。封書の裏を見たら父の元部下だった宮地末彦が差出人だった。開封してみると、「遭難の記」という文書だった。

　その一文を次に掲載する。

　あれから三十六年丁度、今までの生涯の半ばに達し記憶もうすれて行くので、今の時点で遭難の憶出を記しておこうと思う。あれとは太平洋戦争が始まって半年目の昭和十七年五月八日の東支那海での大洋丸沈没のことである。六時半、コレヒドール陥落を祝って清酒一合赤飯付きの祝膳につき、食事が終わってのんびり一服して居ると突然至近落雷を思わす、たたきつぶす様な鋭い大音響と振動にすわと立ち上がった。三人は、ひとっとびに船室にとって返し救命胴衣を手にすると私を先頭に八田さんを中にして、駆け下りてくる群衆をかきわけかきわけ階段を昇っている時、二発目の魚雷が命中。船尾の方に火の手があがり真赤に彩られていった。上甲板にたどりついた時、ボートデッキの出入口から、艦砲射撃であぶない、と叫びながら雪崩をうって引き返してくる人の浪、巻き込まれまいと出入口の横に咄嗟に避難した。気がついて見るとそこには後ろの二人はもう見えなかった。八田技師、湯本さん、市川君とは遂に再び会うことが出来なかった。

昭和五十三年三月記

夫の追偲録（水明り）

夫は出張先からまめに手紙を書いて送ってくれた。外代樹は手紙のすべてを大事に箱の中に保管しておいた。泣きながら読んでいるところを玲子と成子は見た。

「お母さんはこんなにも涙もろかったとは……。」と驚いた。夫が亡くなった今、官舎に住み続けることはできないので近くの東門町へ引っ越した。

長男・晃夫は海軍予備士官として佐世保に、二男・泰雄は台北高等学校在学中で軍需工場で働いていた。成子はここから台北第一高等女学校へ通学した。

子どものころから歌が好きだった外代樹は、八人の子どもの母親となってからも、廊下から庭に向かってよく歌っていた。北原白秋の「カラタチの花」や「帰れソレントへ」が大のお気に入りだった。父は花好きで、母は歌好きでした。（六女・成子女史の憶い出話）

その後、夫が入隊して一人でいた三女・浩子が一緒に住むことになり、四人での生活が始まった。夫が亡くなって三か月ほど過ぎた八月十日。生前、夫が交際していた十人ほどの人が集まり座談会を開いて下さった。その偲ぶ会の内容は編集され、外代樹のところに届けられた。そ

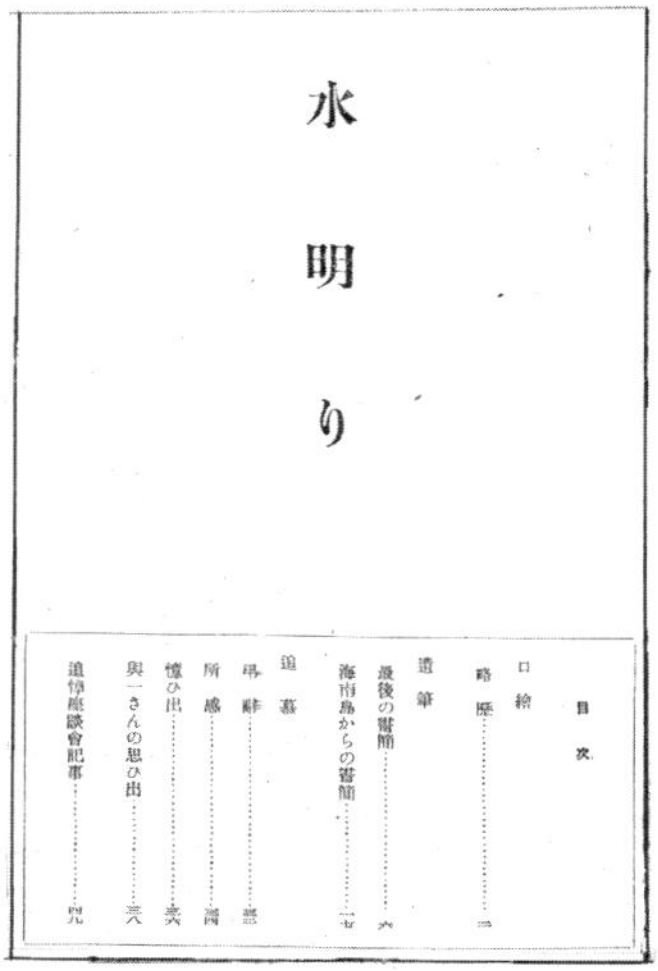

水明り

目次

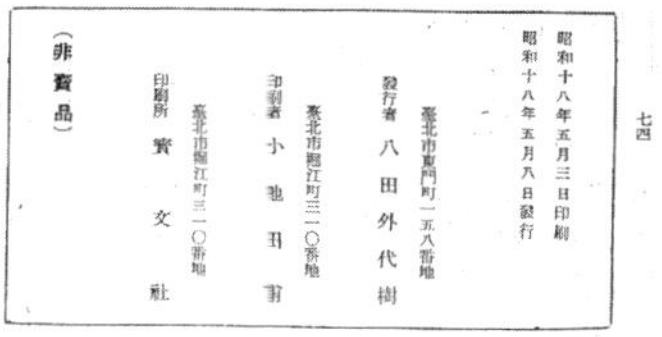

七四

昭和十八年五月三日印刷
昭和十八年五月八日發行

臺北市東門町一五八番地
發行者　八田外代樹

臺北市堀江町三一〇番地
印刷者　小池丑吉

臺北市堀江町三一〇番地
印刷所　寶文社

（非賣品）

追偲録「水明り」

の座談会が発端となって、主人・与一の追憶をまとめて来年の一周忌に関係者に配布しようという気持ちが強くなった。長男・晃夫、長女・正子、与一の本家とも相談して追偲録「水明り」が出来上がった。

烏山頭へ疎開

昭和二十年に入ると台北にも米軍の空襲の心配が濃厚となった。外代樹は空襲の心配がない烏山頭への疎開を決めた。しかし昔の家に着いてみると、そこには既に他の家族が台南から疎開して住んでいた。仕方がないのでその家の応接間に住むことにした。そこは、かって夫が使っていた書斎だった。外代樹はそれで満足だった。烏山頭には幸運にも、与一技師の片腕としてダム建設に従事した赤堀信一技師がダムの管理責任者として滞在していた。赤堀家の協力のお蔭で台北と変わらぬ平常の生活が出来た。また他にもダム工事で同じ釜の飯を喰った大勢の仲間たちが野菜や果物を持ってきてくれた。そんな気遣いが外代樹は心にしみた。

終戦前（昭和二十年）、私が小学校一年生の時、外代樹夫人が大きなお姉さんたち（浩子、玲子、成子さん）を連れて烏山頭に疎開してきました。

たまに、母から「信子、ちょっと八田さんの家の様子を見てきてよ」と言われて遊びがてら家に行きました。すると外代樹夫人から「信子ちゃん、外で遊んでいらっしゃい」と言われ、成子さんと一緒にテニスコート脇に立っている、さるすべりの木に登って遊びました。

その際の外代樹夫人の顔は、子どもの私にもわかるくらい冴えない表情でした。

時は流れ、晃夫さんの葬儀の時、玲子さんから「あ～ら信子ちゃん、よくお人形を持って私の家に遊びに来てたのよ」と言われてびっくりしました。（信子さんの憶い出話、烏山頭ダム第四代目所長、赤堀信一氏の五女で、八田与一技師の長男・晃夫氏夫人綾子さんの妹）

夫が亡くなってから三年目に入っていた。末っ子の成子は台北一女（台北第一高等女学校）の二年生になり、直ぐ上の玲子は女学校を卒業して専門学校で学んでいた。

烏山頭に疎開してから一か月後、昭和二十年五月三十一日、台北に米軍の爆撃機による激しい大空襲があった。総督府庁舎も大被害を受け、多くの優秀な人材を失った。成子は貯水池の上を米軍の飛行機が台北を爆撃するために飛んで行くのを見ていた。

外代樹は、ダムを眺めていると自然に夫の建設工事時代を思い出した。この場所は私たちの汗と涙の結晶の地なのだ、夫を置いて台湾を離れることはできない、という気持ちが日々に強まった。

戦況は日本にとって大変不利な状況になっていた。そんなある日、突然終戦の詔勅が流れた。

大東亜戦争が終わったのだ。貯水池の上空を米軍の飛行機が飛ぶこともなくなった。鳥山頭には昔の静けさが戻ってきた。しかし母は成子たちの問いかけにも、うわの空の生返事が多くなった。

疎開先での食事はもっぱら五女・玲子が担当していた。終戦後半月ほど経った昭和二十年（一九四五）八月三十一日、二男・泰雄が学徒動員から鳥山頭の疎開先へ帰省した。外代樹にとって久々の嬉しい出来事だった。玲子、成子も久しぶりに見る母の笑顔だった。

玲子は兄への労いを兼ねて、いつもより念入りに食事を用意した。すると母の外代樹が、「玲子もずいぶんお料理が上手になったわね」と褒めてくれた。こんな優しい言葉をかけてもらったのは初めてだった。（お母さんどうしたんだろう。毎日料理当番をしているのに、今夜に限って）という思いが一瞬横切った。（五女・玲子女史の談話）

「お兄さん、ご苦労様でした」

と玲子が言うと、泰雄も

「お母さんも玲子も成子も無事でよかった、鳥山頭は静かでいいなぁ」

と家族再会を喜んだ。外代樹は久しぶりに見た泰雄の顔は夫にそっくりだった。夫の顔と重なり思わず涙ぐんでしまった。

悲しき放水口

昭和二十年（一九四五）八月三十一日の夜、八田家では母子四人（三女・浩子は夫が除隊になり台北に戻って行った）で久しぶりに寛いでいた。この夜は台風が近づいていたこともあり、時々強い風が吹いていた。成子は母が作ってくれたムームーを着て、月光が作り出す今まで見たこともない幻想的な光景に見とれていた。

翌九月一日早朝、五女・玲子と六女・成子が目を覚ますとそこに母の姿はなかった。時々手紙のようなものを書いていたことを思い出し、一瞬体が凍った。玲子と成子は、「もしやあそこでは」と思い、放水口に向かった。そこには母が履いていた草履がきちんと揃えてあった。二人はその場に泣き崩れた。

そして二人は夢中で赤堀技師の家に飛び込んだ。赤堀技師は家族に「子どもは家を出るな」と言い残しダムへ向かって飛び出して行った。翌日、下流の用水路で遺体が発見された。当時、烏山頭には火葬場がなかったので、原っぱに枯れ木を積み上げて火葬に付した。（五女・玲子女史の談話）

与一技師の一番弟子だった顔雲霄青年の妹・顔雪娥女史も外代樹夫人の最後の場所を目撃した一人であり、その時のことを筆者に話してくれた。

「たまたまその日は友達と水庫（烏山頭ダム）に行ったのです。そこには珍しく沢山の人がいました。何だろうと思ってよく見たら、放水口のところに草履がきちんと揃えてあるのが見えました。その草履が外代樹夫人のものだとわかった時は本当に驚きました。私は一度だけ挨拶をしたことがありますが、とても上品な奥様でした。八田技師の子どもさんたちは六甲尋常高等小学校に通っており、そこには台湾人が通うことはできませんでした。同じ学校に通うことができたら、もっと仲良く遊ぶこともできたのではないかと思います。本当に残念です」

と涙ながらに語ってくれた。

この日は二十五年前の大正九年（一九二〇）、烏山頭ダム工事着工の記念すべき日だった。

取材に協力していただいた方々（順不同・敬称略）

菱沼浩子（八田夫妻の三女）
佐藤玲子（八田夫妻の五女）
八田成子（八田夫妻の六女）
八田綾子（外代樹夫人の長男・晃夫の妻）
月岡信子（烏山頭ダム第四代目所長、赤堀信一氏の五女）
台南市・嘉南農田水利会　鐘美貞主任、黄佩盈
中川外司（八田技師夫妻を慕い台湾と友好の会世話人代表）
金沢ふるさと偉人館　増山仁
古川勝三（台湾を愛した日本人・著者）
全国建設研修センター　緒方英樹
顔　雲鴻（八田技師の門弟・顔雲霄の弟）
顔　雪娥（顔雲霄・妹）
顔　弘澈（顔雲霄・三男）
徐　玲媛（『百年ダムを造った男』に登場する徐欣忠・二女）
陳　彩宮　嘉南農田水利会関係者
黄　圳福　嘉南農田水利会関係者
神戸市文書館　松本　正三館長

神戸港振興協会
鉄道博物館（大宮市）
金沢くらしの博物館
石川県立図書館
広島地方気象台
神戸地方気象台
福井地方気象台
金沢地方気象台
国立天文台
京都萩乃屋
天理大学附属天理参考館

資料提供

八田成子
台南市・嘉南農田水利会
石川県立金沢二水高等学校
嶌村義隆（歌手・作曲家）
顔　弘澈

取材に協力していただいた方々

陳　彩宮
株式会社　大友楼
株式会社　井筒屋
兼六園管理事務所
Ｂ＆Ａ門司港

参考資料

『台湾を愛した日本人』古川勝三
『水明り（八田与一追偲録）』八田外代樹編
『嘉南大圳建設工事簡介』呉　明韞
『百年ダムを造った男』斉藤充功
『大洋丸遭難の記』宮地末彦
『凛として』産経新聞
『後藤新平の仕事』藤原書店編集部
『新渡戸稲造辞典』教文館・佐藤全弘／藤井　茂
『台湾人と日本精神』蔡　焜燦
『青年の大成』安岡正篤
『台湾』伊藤　潔

『知られざる台湾』林　影明
『誰にも書けなかった台湾』謝　新発
『台湾に残る土木の偉業』江原　敦朗
『江原栄太郎句文集』江原栄太郎
『企業戦士たちの太平洋戦争』小田桐　誠
『伝説の日本人』話題の達人倶楽部
『始政記念博のため準備委員の大評定』神戸大学付属図書館
『「始政四十周年記念台湾博覧会」と台湾鉄道』沖縄学リポジトリ
『始政四十周年記念台湾博覧会誌』図書刊行会
『始政四十周年記念台湾博覧協賛会誌』図書刊行会
フリー百科事典　ウイキペディア
『大正六年九月号時刻表』文益社博文館
『昭和十一年十一・十二月号時刻表』日本旅行協会
『週刊朝日百科日本の歴史』９３・９５・９６号、朝日新聞社
『餓死迫る日本』小池松次
『石川 100 年史』石林文吉
『金沢市統計書・明治四十一年度版』金沢市
石川県歴史博物館
福井県「グラフふくい春号」平成二十四年春

敦賀市ホームページ
門司税関ホームページ
金沢市民族文化財展示館
『台北市地図』昭和二年十一月発行、新高堂書店
金沢大学学術情報リポジトリ
村山貯水池関係史
『多摩湖の歴史』東大和市史資料縮編
『多摩湖の原風景』東大和市教育委員会
『鉄道ピクトリアル』二〇一二年六月号、電気車研究会
『森林鉄道からトロッコまで』青木栄一・三宅俊彦
『治山林道の変遷』高知営林局
国土交通省図書館
農林水産省図書館
国会図書館
東京都立中央図書館
武蔵村山市立図書館
那覇市歴史博物館

【著者】　楷　潤（かい じゅん）
昭和29年（1954）福島県生まれ。
化学品メーカー勤務を経て、エネルギー関連の研究に取り組む。現在数社の企業役員。

八田外代樹の生涯—台湾に東洋一のダムを造った八田技師の妻

2017年4月28日　第1版発行　定価1500円＋税

著　者　楷　潤
装　丁　犬塚勝一
発行所　柘《つ》植《げ》書房新社　東京都文京区本郷1-35-13
TEL03-3818-9270　郵便振替00160-4-113372
http://www.tsugeshobo.com
印刷所　創栄図書印刷株式会社

乱丁・落丁はお取り替えいたします。　ISBN978-4-8068-0693-6　C0020